U0518616

中国历史文化名城·名镇·名村全书

中国民间文艺家协会 组织编写

◎总主编 罗 杨 撰稿人 左中美 杨纯柱

中国名城·云南

漾濞

中国文化遗产的丰富性存留在古村落里，中国非物质文化遗产的精华闪烁在古村落里，中华文化的根脉深深扎在古村落里。中国文化遗产的丰富性存留在古村落里，中国文化的多样性散落在古村落里，中国民间文化的独特魅力汇聚在古村落里，

中华文化的根脉深深扎在古村落里，中国文化遗产的丰富性存留在古村落里，中国非物质文化遗产的精华闪烁在古村落里，

知识产权出版社

全国百佳图书出版单位

中国文化的多样性散落在古村落里，中国民间文化的独特

《中国历史文化名城·名镇·名村全书》
总编委会

总顾问：冯骥才

总主编：罗　杨

执行总主编：白光清　周燕屏　刘德伟

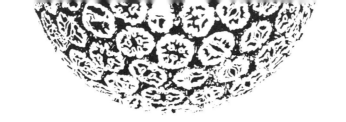

《中国历史文化名城·名镇·名村全书》大理白族自治州卷编委会

顾问：尹建业　梁志敏　何金平　何　华　张文勋　杨亮才

主任：洪云龙

主编：赵济舟　赵寅松

副主编：和生弟　王峥嵘　杨子东

编委（按姓氏笔画为序）：

丁达贤　寸云激　马克伟　王　伟　代罗新　石维良

孙　蕊　刘纯洁　李　公　何尹全　吴兰香　宋宏丽

严春华　张建平　张　笑　张云霞　杨伟林　杨建伟

杨海青　赵　敏　赵润琴　赵克选　赵树兴　施立卓

主办：大理白族自治州白族文化研究院

协办：大理白族自治州文化局

大理白族自治州文学艺术界联合会

大理白族自治州白族学会

《中国名城·云南漾濞》

本书撰稿：左中美　杨纯柱

本书摄影：熊　君

英文翻译：何光云

中国民间
文化遗产
抢救工程
THE PROJECT TO CHINESE
FOLK CULTURAL HERITAGES

SOS

村落记忆的瑰丽画卷（代总序）

"竹篱茅屋趁溪斜，春入山村处处花。"苏东坡描写出的是一幅多么富于诗情画意的美好景致。青山翠竹、粉墙黛瓦，牧笛山歌、蛙声蝉鸣。我们的祖先曾经就是如此诗意栖居，神话般生活。这种农耕文明的恬美情境，至今保留在山清水秀、文化灿烂的历史名村名镇，是祖先遗馈给我们的一笔丰厚精神遗产，也是中华民族优秀传统文化得以流传的血脉并给我们留下美好记忆的精神家园。在经济高速发展、城市化进程汹涌而来的今天，守护和保护好每一处名村名镇，就意味着守护好我们的精神家园，这是民族赋予民间文艺工作者的历史责任。

人类文明的进化不能没有积累和继承，历史的车轮可以碾过如梭的岁月，但不应拆毁我们心灵回归故里之路。作为我们精神故里的每个古村落是一个自然的社会单元，也是物质与文化的综合体，是民族民间文化的重要载体，是不可再生的文化资源，是民族文化复兴的重要源泉。古村落是中国传统"天人合一"的人生观和自然观产生的居住方式，具有深厚的历史积淀和文化底蕴，是祖先长期适应自然、利用自然的见证。它如同一部历史教科书，记录和镌刻着我们民族的文化基因和历史记忆；如同一条历史长河，至今滋养着中华儿女的心田。古村落不仅仅是一个地点和空间，而且保存着年轮的印痕和光阴的故事，它曾以五千年文脉涵养了一个泱泱中华。梁漱溟曾经说过：中国新文化的嫩芽绝不会凭空萌生，它离不开那些虽已衰老却还蕴含生机的老根——乡村。

完整的古村落不仅包括民宅建筑、桥梁、庙宇、祠堂、古树、亭台楼阁、古戏台、碑廊等丰富的物质文化遗产，同时还应包括与之密切关联的各种民俗、生产生活、婚丧嫁娶、民间信仰崇拜以及民间神话、民间故事、民间谚语和歌谣等口头的、无形的民间艺术、民间戏剧、民间音乐、民间舞蹈、民间工艺制作等非物质文化遗产。理解古村落就可以理解中国文化的民族密码和历史细节，读懂古村落就可以读懂民间文化的百科全书。中国文化遗产的丰富性留存在古村落里，中国非物质文化遗产的精华闪烁在古村落里，中国文化的多样性散落在古村落里，中国民间文化的独特魅力汇聚在古村落里，中华文化的根脉深深扎在古村落里。冯骥才先生曾说：中国最大的物质遗产是万里长城，最大的非物质文化遗产是春节，最大的物质和非物质文化遗产就是古村落。

在历史面前我们应该是虔诚的，在文化面前我们应该是卑恭的，在故土面前我们应该是敬重的。人类在社会发展的进程中曾经付出过惨痛的代价，历史的经验告诉我们，很多美好的东西只有当失去时才发现它的宝贵。在城市化的过程中，我们曾经失去了很多充满温馨、充满诗意的村庄，是鳞次栉比的水泥森林再次唤醒了人们对古村落的重新认识。田园牧歌式的居住不仅是古人的生活理想，更是当代人的精神诉求，我们在渴望享受现代城市文明的同时，也渴望留住那些曾经养育了我们祖辈，温暖了我们心灵的原生态、多样性的古村落。

保护与开发永远是一对矛盾，是把古村落作为文化基因完整地加以保护，还是作为生财之道尽快地开发赚钱，这是摆在我们面前亟待解决的重要课题。古村落是一个完整的生命体，有自己的外形和内核，有自己的精神和灵魂。保护古村落，绝不能被动地对抗岁月的磨蚀，而应更加注重对古村落人文生命的挖掘与扬弃。因此，对古村落的保护、建设和开发一定要按规律办事，切忌在开发和建设中造成不可补救的破坏，使历经浩劫而幸存的古村落在不当开发中消亡。各级政府在古村落保护过程中，应本着高度的文化自觉，以历史的情怀、超前的眼光、长远的规划和持之以恒的决心，注重其文化内涵的活态传承，正确地面对历史与现实，正确地处理经济与文化，正确地看待遗产与利益，正确地评判政绩与公益，寻找出一个适合中国国情的古村落保护与发展的两全之策，逐步建立起科学有效的古村落传承保护机制，从而不断增强古村落的魅力和生命力，找回那种"倚杖柴门外，临风听暮蝉"的美好诗意。

有鉴于此，中国民间文艺家协会携手知识产权出版社在烟波浩渺的古村落中撷取出极具代表性的名村名镇，结集推出《中国民间文化遗产抢救工程——中国历史文化名城·名镇·名村全书》，力图用文字和图片把这些岌岌可危的古村落的精华如实完整地记录下来，让我们的读者和后人带着享受的心情，踏上回归精神故里寻古探幽的旅程，感受乡土的温暖与润泽，欣赏"茅舍槿篱溪曲"、"门外春波荡绿"的美好画卷，体味精神家园的馨香。

罗杨

中国民间文化遗产抢救工程
THE PROJECT TO CHINESE FOLK CULTURAL HERITAGES

SOS

　　自然遗产、文化遗产都是先人留下的不可再生的宝贵资源，后代子孙与我们享有同等的权利，这就是代际公平。将这份遗产尽可能完整地留给后代，是我们这一代人义不容辞的责任。中国是世界上文明诞生最早的国家之一，有几千年的文明史。中国各族人民以高度的智慧和创造力，创造了光辉灿烂的中国文化。城镇是一个国家、一个民族从不文明走向文明的标志之一。在四大文明古国中，中国是唯一文化没有断流的国家。我国众多的名城、名镇、名村就充分说明了这一点。分布在神州大地上星罗棋布的名城、名镇、名村既是物质文化，也是非物质文化。但是，毋庸讳言，在当前现代化、城镇化的过程中，很多历史文化名城、名镇、名村遭到了严重的破坏，有不少古村落的原貌已荡然无存，即使遗留下来一少部分，也都面临文物建筑被损毁、文化遗迹被侵蚀、传统文脉被割断、文物原生态环境被瓦解或乱开发的命运，许多珍贵的历史文化遗存一去不复返。这是一个十分严峻和亟待解决的问题。

　　为了让广大读者更多更好地了解我国"三名"——名城、名镇、名村的遗物遗址、文物古迹、风景名胜、掌故传说和时代风貌，同时更好地保护它们，中国民间文艺家协会和知识产权出版社联袂推出中国民间文化遗产抢救工程——《中国历史文化名城·名镇·名村全书》。这是一项功在当代，利在千秋的善举，值得关注。

　　解读大理的历史，洱海东部宾川发现的白羊村新石器遗址，是云南迄今发现最早的新石器文化遗址，距今已有四千多年。出土文物说明，白羊村遗址是一个典型的以稻作农业为主的长期定居的村落遗址。剑川海门口文化遗址出土的夏代晚期青铜器开启了云南青铜文化的先河。在此基础上，汉置郡县，魏晋南北朝时期的"白子国"，唐初合六诏（有说八诏）为一，最终形成了包括云南全省以及川黔部分地区在内的，几乎与唐宋相伴始终，绵延五百多年的南诏、大理国。

　　南诏、大理国政权的建立，结束了云南历史上部族纷争的混乱局面，将云南历史大大向前推进了一步，对中华民族的形成和伟大祖国的统一作出了重大贡献。

　　历史因时间而悠远，文化靠积淀才厚重。悠久的历史成就了大理众多的文物古迹。大理历史文化名城、名镇、名村很多，本次只收录了其中的一部分。它们比较集中地展示了大理历史文化的精华。

　　大理悠久的历史，厚重的文化，与大理得天独厚的区位优势息息相关。根据学者们研究，先于西北丝绸之路两百多年，在祖国西南也有一条重要的"丝绸之

路"，即"蜀身毒道"。还有经大理达西藏的"茶马古道"，从大理到安宁南下出海的"步头路"，奠定了大理滇西交通枢纽的历史地位。今天，大理同样是同时拥有民航、铁路、高速公路因而四通八达的民族自治州。便捷的交通使大理能够广泛吸纳中外文化精华，故而人文蔚起，薪火相接，代有名流；里巷传仁德之懿，父老有述古之风，享有"文献名邦"的美誉。秀美的山川、灿烂的文化与悠久的历史相得益彰，无疑是建设幸福、美丽大理的根脉，也是大理吸引中外游客纷至沓来的魅力所在。

靠文化扬名，提高品位；靠文化发展，一兴百兴。在这一点上，大理的经验值得借鉴。当前，保护"三名"已进入攻坚阶段，各级政府都纷纷出台保护办法，但还不够，必须加大宣传，增强人民群众对"三名"保护意识的自觉性。历史文化是人民创造的，也要人民来保护。正因为如此，我们便自告奋勇地承担了《中国历史文化名城·名镇·名村全书》大理白族自治州12卷的编撰任务。近两年来，大理白族自治州白族文化研究所联合州级文化部门，在大理州委、州人民政府的大力支持下，团结和依靠热心文化事业的有识之士，群策群力，完成了编撰任务。

参加本次编撰工作的既有年过七旬的学者，也有正当盛年、承担着繁重日常工作的中青年新秀，但他们都怀着对历史负责、为子孙谋福的崇高理念，攻坚克难，争分夺秒，或多次深入所承担的地区开展田野调查，走访熟悉地方历史文化的有关人士；或沉迷于史籍档案，考稽钩沉，运用文字和照片，将各城、镇、村的山川名胜、人文历史、文物古迹、文学艺术、民风民俗、风物特产真实地记录下来，最大限度地将各地文化精华展示给广大读者。同时，各卷密切联系实际，对名城、名镇、名村的保护提出了意见和建议。

雄关漫道真如铁，而今迈步从头越。历史的辉煌值得自豪，更是留给每一个当代人的一份沉甸甸的责任，守望好这片热土，再创新的辉煌，在各自不同的岗位上，作出能够告慰先人、无愧后人的业绩，应该是每一个大理人不懈的追求。相信这套丛书能在大理各族人民建设幸福、美丽大理中进一步增强民族文化自觉，留住集体的文化记忆。

赵寅松

2013 年 3 月

目录

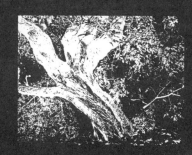

中国文化遗产的丰富性存留在古村落里，中华文化的根脉深深扎在古村落里。中国非物质文化遗产的精华闪烁在古村落里，中国文化的多样性散落在古村落里，中国民间文化的独特魅力汇聚在古村落里，

中国文化遗产的丰富性存留在古村落里，中国非物质文化遗产的精华闪烁在古村落里，中国文化的多样性散落在古村落里，

中国文化的多样性散落在古村落里，

Contents

中国名城·云南漾濞

漾濞

山水间的漾濞

《新华字典》关于"濞"字的解释是：漾濞，地名，在云南省。

漾濞县，地处大理白族自治州中部，点苍山之西，地势北高南低，境内最高海拔4122米，最低海拔1174米，总面积1957平方公里，山区面积占98.4%。全县设3镇6乡65个村民委员会和1个社区，有彝、汉、白、回等17个民族，总人口10万略余。

漾濞古称"样备"，自汉王朝在云南置郡县起，漾濞县地先后为益州、永昌、云南各郡所属。唐初六诏称雄时为样备诏地。漾濞历史悠久，文化灿烂。远在新石器时代，这片土地上就有彝族等少数民族的先民繁衍生息。三千多年前的漾濞苍山古崖画，是云南境内图案最多、面积最大的一组古崖画，画面生动地记录了先民们狩猎、放牧、采摘、舞蹈等生活场面，被誉为"苍洱文化之源"。

发端于两千多年前的南方古西南丝绸之路穿境而过。"漾濞地虽一隅，自古驿道先通，开化不后邻邑。"古道过境段又被称为博南古道，境内有七十余公里长的古驿道和十余处古驿站遗址。古城漾濞，自古为古道东向大理、西往永昌必经之重镇。现今漾濞江畔的博南古街——漾濞县城最初的发源地，至今仍较为完好地保存着旧时古驿重镇的风貌。

民国元年（1912），漾濞设县，城名引为县名。

漾濞县城

1985年，漾濞改置彝族自治县。

以彝族为主体的17个民族聚居的漾濞，民族文化多元，民族风情浓郁。有传统的"火把节"，独特的彝族"二月八"赶庙会，一年一度的"二月十九街"核桃和农副产品交易会。彝族打歌热情奔放，各民族独特的服饰绚烂多姿，特色饮食独具一格，民族文化丰富多彩。

漾濞核桃甲天下。核桃在漾濞这片土地上的种植历史可追溯到三千年前。史料记载，早在宋朝的时候，漾濞核桃就被作为珍贵的礼品送进京城。个大、皮薄、仁白、味美的漾濞核桃，是核桃中之翘楚，干果中之珍品，入编《中华之最》荣誉大典。漾濞，又被誉为"中国核桃之乡"。数千年核桃栽培历史的深深浸透，在漾濞这片土地上形成了独有的、绵远深厚的核桃文化。

漾濞县城所在，一江穿城，二河对流，三山环抱。历史文化遗存丰厚，文物古迹众多。一大批风格独特的古建筑保存完整，共有省、州、县重点文物保护单位12项。

2001年4月，漾濞被授予"云南省历史文化名城"。

漾濞，是县也是城，是江流也是文化。

——是历史，更是未来。

中国民间
文化遗产
抢救工程
THE PROJECT TO CHINESE
FOLK CULTURAL HERITAGES
SOS

历

溯源

中国民间
文化遗产
抢救工程
THE PROJECT TO CHINESE
FOLK CULTURAL HERITAGES
SOS

"漾濞"称谓的由来

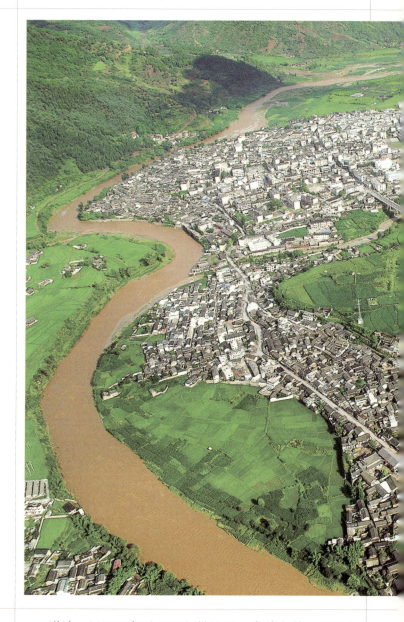

漾濞，民国元年（1912）始设县。在此之前，以现今穿县城而过的雪山河为界，分属蒙化府（今巍山）和永昌府（今保山）。作为一个县级行政区域，漾濞虽然只走过了短短的百年，而作为一方神奇、美丽的水土，漾濞却有着非常悠久的历史和丰富的文化内涵。

漾濞二字，最先分别为两条河水的名字，即"漾水"和

漾濞县城

"濞水"——也就是如今的漾濞江和顺濞河。此二水为何名为"漾"和"濞"？有人认为是因江河水文地貌特征命名。"漾"和"濞"皆为形声字，"漾"是水波荡漾之意；"濞"，东汉许慎编著的《说文解字》将其解释为"水暴至声"。"濞"字的使用范围则比较窄，历史上多用于人名，如西汉吴王刘濞等。现则只与"漾"字组成一个专属地理名词，《现代

中
国
名
城
·
云
南
·
漾
濞

汉语词典》关于"濞"字的释义为："漾濞，地名，在云南"。

在各种典籍中，较早记述"漾濞"二字的为唐代贞元十七年（801）杜佑撰的《通典》，其卷第一百九十中记载："吐蕃有可跋海，去赤岭百里，方圆七十里，东南流入蛮，与蛮西洱河合流而东，号为漾鼻。"这里"漾鼻"就是指的漾濞江，只是将"濞"写为音同字不同的鼻梁的"鼻"，没有"氵"旁，不知是笔误还是别的原因。唐元和二年（807），刘肃所纂的《大唐新语》卷十一中又对"漾濞"二字作了记述："时吐蕃以铁索跨漾水、濞水为桥，以通西洱河，蛮筑城以镇之。"这里的漾水、濞水，方国瑜先生在《中国西南历史地理考释》中明确指出："所谓濞水者，或即指备胜江（即今顺濞河，民国时期称其为备胜江）。而漾水即漾濞江也"。

漾濞第一次作为地名出现，是音近字异的"样备"，见于唐咸通年间（860~874）窦滂撰的《云南别录》——"先有六诏，曰蒙舍，曰蒙越，曰越析，曰浪穹，曰样备，曰越澹。"有观点据此认定，漾濞是由"样备"演化而来的，而另外的观点则倾向于这可能只属于用字的规范性问题。当时相去万里的中原人，对山遥水远的云南山川地理的知识，多半出于道听途说，因而记述时往往出现只注重记音的情况，此类现象在当时俯拾皆是。按方国瑜先生主编的《云南郡县两千年》一书的观点，唐代之"样备诏"即蒙嶲诏，蒙嶲诏即今之漾濞县。样备诏为南诏六诏之一，范围当包括今天漾濞大部、大理西部（太邑）、巍山北部，永平、云龙、洱源各一部。北宋宋祁、欧阳修撰写的《新唐书》，其中提到漾濞江时仍写成"样备"，此主要为沿袭前人说法。

明清时期的地方史志，包括明万历年间诸葛元声的《滇史》、清代倪蜕的《滇云历年传》等，对漾濞的记述就比较统一地写成"漾濞"，只有极个别仍有使用"样备"的情况。这时的漾濞包括两个意思：一个是江河——漾濞江，另一

个是地方——漾濞，范围主要是指现在县城一带。李元阳《石门山记》中说的"比入漾濞"，《徐霞客游记》记述的"抵漾濞街"的"漾濞"，均是指的现在漾濞县城一带。由于"漾濞"又是漾濞江的名称，许多外地人往往将沿漾濞江边一线的地方也泛泛地称之为漾濞。

据史书记载，西汉时漾濞主体所在的邪龙县属元封二年（前109）设的益州郡管辖。至东汉永平十二年（69）增设永昌郡时，邪龙县划归永昌郡管辖。三国两晋时，邪龙县归属南中七郡之一的云南郡。南北朝时期，漾濞分属云南郡和永昌郡。唐初属姚州都护府的阳瓜州，六诏时为蒙嶲诏。南诏时期，漾濞属蒙秦赕。两宋大理国前期属蒙舍赕，大理国后期属蒙舍镇。元朝分属蒙化州、永平县。明、清时期均分属蒙化府和永昌府永平县。

明朝洪武十七年（1384），朝廷在现今漾濞地面设立两个巡检司："样备巡检司"和"打牛坪巡检司"，前者一直设到清末，后者于明万历四十八年（1620）裁撤。当时，两个巡检司分属不同的行政区划，"样备巡检司"属蒙化府，"打牛坪巡检司"属永昌府永平县。"样备巡检司"驻地漾濞，"打牛坪巡检司"驻地打牛坪，均为博南古道的咽喉要道，是往来商贾和旅客的必经地和歇宿地。漾濞还凭借其优越的地理位置和自然条件，发展成马帮运输物资的重要集散地和周边地区的经济文化中心。1912年，漾濞设县，"漾濞"二字在原为水名及地名的基础上成为县名，古城漾濞成为县城所在地。

时至今日，在漾濞地名的使用上，往往仍有泛指和特指的区别。泛指涵盖全县范围，特指仅为县城区域。一般说来，外地人使用和本地人对外地人使用时为泛指，而县内使用则多为特指。

苍洱先民的遗迹

　　1994 年 10 月，漾濞苍山西镇金牛村一个名叫罗光明的乡村医生在山坡上发现了一处崖画，同年通过云南省文物部门鉴定，命名为"苍山崖画"，1998 年被列为省级重点文物保护单位，被有关专家学者誉为"苍洱文化之源"。

　　崖画位于距漾濞县城 10 公里的石门关附近。由石门关沿着蜿蜒而上的山道，向东坡攀爬约两公里，就看见一块巨大的岩石矗立在半山上。岩石顶部的石沿儿向外悬空伸出，远望宛若一个戴着草帽的人，当地村民便称它为"草帽人"。岩石高 8.2 米，上部宽 8.7 米，下部宽 18 米，崖画就画在岩石正面的岩壁上。除右边上半部分被岩缝中溢出的腐蚀性岩浆覆盖以外，现存的崖画约有七平方米，分布

苍山崖画巨石

中国名城·云南漾濞

在高 4 米，宽 5.5 米的范围里。画面图案多为土红色，人物手形和个别人形为黄色。

画面共分三层。第一层在岩壁右上方，距地面五米，画面残损严重，可辨识图像面积约二平方米，在暗淡的铁锈色中依稀可见几头牛的图像，其中一头较清晰，两角较长，向内呈倒"八"字形弯曲，头昂视前方。画面第二、三层相叠。第二层可辨识图像有人物十余个及掌印。人物用五笔画成，头与身一竖画得较粗，手和脚呈八字形分开，与身体连在一起，笔画稍细，形体勾画简洁，无衣饰、五官；掌印厚实，是成年男子的左手印，系用手掌蘸满黄色颜料拍按而成。第三层画面重叠在第二层上，内容更为丰富，可辨识图像有人、牛、猪、鸡、鸭、狗、掌印及房舍、栅栏、树、果实等，颜色均为土红色。画面大多集中于岩壁左半部。上部画一似为牛的大体动物，用粗绳拴养在栅栏内。中部画有六柱支撑的干栏式房屋，周围用椭圆形相围，又画一

弧线分隔，内画一动物；下部画一组人物，计21个，分6排，前面一人，形体高大，是其他人物的四倍左右，有尾饰，双手呈八字形，各提一只形似鸡鸭之类的动物，旁有一手印，其余20人分五列，排列整齐，头排七人，第二排六人，第三排二人，第四排三人，最后一排二人，大小不等，手挽手作舞蹈状，左右画曲线数条。另一部分画在右壁第一层牛群图的下面。画面亦分为三组，一组为上方，画上一棵大树挂满果实，若干人在摘果、拾果；紧邻一组是形体矮小的人与若干大小不同的动物，有似狗、似猪、似牛，形态各异，或跑、或蹲、或似吃草。最下方一组画一不规

2
3
1

1. 发现苍山崖画、岩洞
2~3. 苍山崖画

中国名城・云南漾濞

中
国
名
城
·
云
南
漾
濞

则的圆圈，内有若干人，或立、或行、或攀登、或劳作，旁又画一个不规则圆圈，内亦有形态各异的数人，或躺、或跑、或走。就崖画所反映的内容看，它具有沧源崖画的几乎所有特征，而没有任何青铜时代的房屋、铜器等图像内容和文化特征。因而专家认为其应和沧源崖画同为一个时期，也就是距今三千年前的新石器时代晚期。此崖画画面集中，内容丰富，图像生动，被专家誉为不可多得的一处精品崖画，填补了大理地区没有崖画的空白。此崖画不仅证实点苍山西麓很早就有人类繁衍生息，而且对研究滇西一带古代社会史、民族史和艺术发展史，都具有重要的研究价值。

在崖画周围近两公里半径范围地区，还先后发现了多处神秘的石刻，所刻图案以同心圆为主，另有若干人物、动物以及似乎是文字的图形。尤其是以一处被当地人们称为"仙人脚印"为代表的同心圆石刻，在国内实属罕见。查阅有关资料获知，其造型与法国岩刻图片极为相似。据介绍，这是一种新发现的史前艺术——巨石建筑上的图形。它们大致分布在北欧、西欧、北非、印度等地，在日本也有发现。这些图或为同心圆，或

形似螺纹，还有斧形纹、菱形纹以及一些难以识辨的怪诞的形象。西方一些学者认为，这些圆点或圆圈所组成的纹饰，可能是用来记载死者的名号，或者是代表什么魔法的意思，有的还可能是出于"女阴"崇拜。其所处时期距今约四五千年。

与此同时，在这一地区，又发现了众多的以岩洞、崖穴为主的石室、石屋。这些石室、石屋多为两三块巨石组合而成，小者可容三五人，大者可容四五十人。石室内普遍都有厚厚的灰烬堆积层和被烟熏火燎得黑糊糊的四壁，以及一些碎陶片、动物骨骼等。在一个较隐蔽的石屋内，还发现了一个人工筑砌的小神龛。在个别石屋的周围还有人工垒砌的石坎等。尤其令人称奇的是，距崖画下方约二百米处一块被称为"多面石"的龟立形巨石，从正面和两侧不同的角度观察，可显现出五种形象：正看像长发披肩的

1~5. 苍山崖画

中国名城·云南漾濞

耶稣像；左侧看似披着袈裟的高额僧人；右侧看，随着角度的稍稍变化，一是宛若一个瘪嘴老妪的形态，二是极似身穿盔甲的古代武士的相貌，三则是仿佛古埃及金字塔前的狮身人面像。

据专家学者研究，崖画形成于距今三千年前的新石器时代晚期。那时的云南是一个多民族杂居地区，社会形态仍属于原始部落群体时期，生产力极其低下，人类仍处于穴居和半穴居状态，主要靠采集、渔猎、游牧维持生存。在这个历史时期，崖画所在的点苍山西坡石门关一带，应当说是最适宜原始人类生活的乐土。这里地处一个比较大的岩体断裂地带，断崖裂谷众多，天然的岩房洞穴随处可见。这里海拔在二千米左右，气候湿润、温和，当时森林茂密，野菜、野果遍地，飞禽走兽极多。还有旁边的山沟溪箐，常年流水不断，而不远的山脚下就是漾濞江，江中水生物异常丰富。生活在这里的部落人群，坡上可以采集野菜，树上可以摘食野果，林中可以猎捕鸟兽，水中可以捞摸鱼虾。由此，这里留下了这个时期丰富的人类活动的遗迹。

古道漾濞

作为南方古丝绸之路上著名的交通枢纽，漾濞虽然"地连别属，境处一隅"，但"自汉永昌设郡，驿道先通，开化不后邻邑"。漾濞特殊的地理位置，使境内古道纵横交错，四通八达。其中影响比较大的主干道就有博南古道、茶马古道（漾剑驿道）、盐米古道（漾云驿道）三条。

博南古道　早在公元前四世纪时，便有道路从中国西南地区通向缅甸、印度等国，这就是古代所称的"蜀身毒道"。此道是从四川成都出发，经云南昆明到达大理、保山等地，再转向缅甸到印度的一条古代国际通道，历史上被誉为"南方陆上丝绸之路"和"马背上的国际通道"。其中从大理往西，过漾濞境内，进入永平博南山的一段，又称为"博南古道"。

博南古道漾濞段的大致走向是：下关天生桥、四十里桥、小合江、大合江、平坡、金牛、驿前铺、漾濞古街、云龙桥、柏木铺、秀岭铺、太平铺、打牛坪、顺濞桥、黄连铺（永平）。

中
国
名
城
·
云
南
漾
濞

博南古道漾濞段在历史上经过多次改道，但大方向没有变化，只是局部因自然、地理条件的改变而改变，最终还是汇合通往永平。

茶马古道　茶马古道是一个有着特定含义的历史概念，它是指唐宋以来至民国时期汉、藏之间以进行茶马交换而形成的一条交通要道。具体指存在于中国西南地区、以马帮为主要交通工具的民间商贸通道，也是中国西部民族经济和宗教文化交流的走廊。

茶马古道源于古代西南边疆的茶马互市，兴于唐宋，盛于明清，"二战"中后期最为兴盛。茶马古道主要分南、北两条道，即滇藏道和川藏道。其中滇藏道起自滇西洱海一带，经丽江、迪庆、察雅至昌都，再由昌都通往西藏后出境至缅甸、印度。其实，这只是滇藏茶马古道的主干道，滇藏茶马古道还有许多分支。途经漾濞的茶马古道就是滇

1 | 2

1.博南古道穿城而过
2.吐路河古驿道桥遗址

马帮重走茶马古道

中国名城·云南漾濞

藏茶马古道的一条重要分支。历史上唐王朝、吐蕃、南诏之间冲突不断，虽然滇藏茶马古道主干线一直比较畅通，但商旅为避免民族冲突带来损失，于是开通了苍山西面的漾剑古道。到大理国时期，这条古道依然畅通，元朝军队就是沿漾剑古道进入漾濞境内，再翻越点苍山攻取大理国的。这之后，漾剑分道就成为从下关通往西藏的一条重要路线。漾剑古道下关至漾濞一段与博南古道重合，在漾濞古城分道后，漾剑分道的走向是：云龙桥、罗屯、沙波登村、木瓜坞、苟白羊、小西果、桑不老、毛沙坪、甘屯、脉地，又顺漾濞江上游到达剑川沙溪，然后辗转进入藏区。

除上述两条古道外，漾濞境内的重要古驿道还有如下三条：一是自漾濞县城南行，经河西、木瓜箐、下村、洒密之达、小山神牌、新村、小村、毛鼠狼，过顺濞河链子桥、密古、龙潭、鸡街，从鸡街又分道，一条通往巍山地区，另一条则通往永平龙街、保山昌宁地区；二是自漾濞县城过云龙桥北行，经杨茂村河、罗屯村、沙波登村、木瓜坞、苟白羊、张武哨、施家村，再转西北的石竹坡、苍蒲塘、白荞地、白露、知达拉、罗里密，进入云龙境内；三是自漾濞县城东行，经平坡、四十里桥，跨西洱河、茅草哨至巍山大仓。

据有关资料显示，漾濞境内的博南古道沿线，历史上曾经有过 18 个供过往马帮和客商歇脚和住宿的驿铺，比较有名的有四十里桥铺、合江铺、平坡铺、鸡邑铺、驿前铺、漾濞铺、石窝铺、柏木铺、秀岭铺、太平铺、打牛坪等，此外，还有为沿线行路安全提供保护的白马哨、清水哨、后山哨等哨所。

唐标铁柱

1~2.唐标铁柱遗址

　　唐中宗景龙元年（707），重新归附吐蕃的部分姚州部落与吐蕃军队联合进犯四川南部，唐王朝下诏灵武监军右台御史唐九征为姚嶲道讨击使，率军征讨吐蕃。唐九征在姚州（今楚雄姚安）大破吐蕃军队，接着又乘胜追击，将吐蕃军队赶出了洱海地区。但在漾濞江中下游一带，吐蕃军队凭借险要的地势和坚固的城垒，同唐军激烈对峙，战斗打得异常残酷，双方死伤累累。最后，唐朝军队终于取得了决定性的胜利。吐蕃"魁帅"——军队统帅带领残余人马弃城而逃，唐军继续紧追不舍，活捉了"魁帅"和他的三千部属凯旋而归。

　　唐九征击溃吐蕃军队后，不仅焚毁了吐蕃在当地建筑的城垒，还下令拆除漾濞江、顺濞河上的两座铁索桥，以切断吐蕃与洱海地区的交通，恢复了秦汉以来中央王朝在洱海地区的统治。在凯旋之际，为了"纪功"，表明这片土地已重新纳入了大唐王朝的版图，同时也为了纪念和抚慰在这场战斗中为国捐躯、长眠于这片被当时中原人视为所谓"蛮烟瘴雨"的蛮荒之地的唐军将士，唐九征依仿东汉以来相沿成习的做法——汉光武帝刘秀派伏波将军马援率军平定交趾（位于今越南境内）叛乱后，在其地立铜柱纪功，作为汉朝最南方的边界——以拆卸下来的桥的铁链为材料铸炼成铁柱，立于今天漾濞下街竹林寺一带。

对唐九征在漾濞江边立铁柱为界碑，把漾濞江以东地区重新纳入唐王朝统治管辖范围的重大举措，古往今来，不断激起人们的浓厚兴趣。清代滇中的著名文士孙髯翁在其蜚声中外的《大观楼长联》中，更是将"唐标铁柱"与"汉习楼船"、"宋挥玉斧"、"元跨革囊"并列为云南历史上"四大历史事件"。这一重大历史事件，对漾濞而言具有非同寻常的意义，不仅使"漾濞"二字载入了《大唐新语》、《旧唐书》、《新唐书》、《资治通鉴》等重要历史典籍，而且还为漾濞赢得了一个"世界之最"，这就是被《大唐新语》卷十一所记载的"时吐蕃以铁索跨漾水濞水为桥，以通洱河"的"铁索桥"，被长期致力于中国科技史研究、被誉为"二十世纪的伟大学者"的英国剑桥大学李约瑟博士（1900~1995）所著的《中国科技史》考证为全世界关于"铁桥"见诸文字的最早记录。

漾濞古城

漾濞古城，即今漾濞县城，位于点苍山西麓，四面青山环绕，漾濞江从城边逶迤而去。发源于点苍山，向南注入漾濞江的雪山河穿城而过，将城区分为两半，河上筑有三座桥，将东西城区连成一片。自古就被誉为"山城水国"。

早在公元前4世纪的"蜀身毒道"开通后，作为西南地区通往缅甸、印度的古代国际通道的重镇和重要渡口——漾濞渡的所在地，古城就发挥着勾通东西方交通不可替代

山城水国

的重要作用。现有文献可查的，至少可以追溯到唐朝景龙元年（707），唐九征率军追击吐蕃军队到达漾濞江边时，古城的前身就已经存在。虽然当时古城只是被作为军事设施建立的"城垒"，亦一度被唐朝军队出于军事目的将其"焚毁"，但不难想见，出于军事防守和往来交通的需要，军民两用的漾濞"城垒"，不久得以重建。

明崇祯十二年（1639），徐霞客游经漾濞时，在日记中记载道："抵漾濞街，居庐夹街临水，甚盛。"由此可见当时这个内连昆明、大理，外接永昌（保山）的交通要塞的博南古道和茶马古道的重要交通枢纽，是颇为繁华热闹的。尤其是1925年县公署由下街迁驻上街后，近百年来，古城一直是漾濞的县城所在地，是漾濞政治、经济、文化的中心。虽然近几十年来，随着新城区的发展，县城的商业区和城镇重心，已全部向新城区转移，但作为漾濞这个省级历史文化名城的载体，满目历史痕迹和旧日时光碎片的古城区，依然具有特殊的魅力，闪耀着独特的光芒。

据有关历史遗迹和口碑资料考察，古城最初是以东边距古城入口处约三百来米的一个叫"木瓜井"的地方，逐渐向周边扩展的。后来由于地势的关系，居民点主要是顺着漾濞江岸由东向西延伸。当古城后来的定居者离木瓜井愈来愈远时，在云龙桥头，才又出现了古城的第二口井——吊井。据考证，吊井距今也至少有五六百年的历史。

清宣统三年（1911）李根源撰的《滇西兵务要图注》说："漾濞街……分上下街，共七百余户，尚殷富。巡署在下街。寺庙十二，客栈七家，马栈九家。能容一'混成协'宿营，给养饮水补充俱便。"按清末云南军队编制，"混成协"为"官二百三十八员，兵四千二百四十八名。"由此可知，晚清时期的漾濞古城地区，寺庙繁多，客栈马店林立，并能为四五千官兵提供良好的驻扎条件。李根源还记录了古城传统的一年一度农历二月十九街盛况："每年二月十九日，四方商人云集于此贸易，有数万人之多。"

民国时期，古城南以漾江为屏障，其他三面筑有周长约三里的城墙，城池面积约0.15平方公里。封闭式的古城有东西南北四座城门，铁皮包封大门，四座城门上均建有碉楼。东门、南门又称为映雪门。临江一带的房屋，大都紧依江岸上的陡峻崖壁而建，有的上面一层开铺子做买卖，下面一层为居家；有的建筑为吊脚楼，下面虚浮在半空中，靠柱子支撑房屋悬出的部分。城内有一街五巷，主街仁民街东西长约八百米。距云龙桥一百多米处的古街上曾建有过街楼一座（20世纪50年代被拆除），过街楼成为西上保山、腾冲，北往乔后、剑川茶马古道的关隘。古街两旁楼台铺面横列，古街中段"太和宫"至来龙巷口较大规模的铺面有"七格铺"，沿街多为大理、下关、四川、江西等外地客商经营的商铺和当地人开的马店、客栈；过街楼上段较大规模的铺面有"江西铺"。

　　古街东端是一个贸易街场，名曰"云集场"，寓"万商云集"之意。云集场面积五百多平方米，内建有纵横有序、井井有条的瓦顶平房一百多间作为街场。至20世纪50年代，街场一直商贸兴隆。街期为三天一街，每逢街天，赶街的、做买卖的纷至沓来，人潮涌动，水泄不通。大理、下关、

巷道

中国名城·云南漾濞

祥云、巍山、洱源一带商人运进红糖、乳扇、干鱼、茶叶、土锅及日杂百货;保山、永平商人运进保山布、黄烟、铁锅、铁制农具等交易商品。运回去的大多是核桃、核桃油、蚕丝、兽皮、药材和其他土特产品。

五条纵横交错、深邃悠长的古街巷道,将古城区分割成12片居民区。街坊相邻相依,巷道四通八达。其中卖牛巷(今来龙巷)位居古城中心地段。明清时期的建筑比比皆是,民国政府衙门、兵役局、县立中学、卫生院等机构也分布于其巷道两旁。周家巷地处云集场商业区口,深宅院落较多。其他巷道平政巷、汪家巷、北门巷东拐西折,串连起一些清代至民国的民居建筑。

古城内外,集中了许多明清时期的寺宇和古建筑。其中建于明代的有云龙桥、老君殿、竹林寺、观音庙,建于清代的有新盘营清真寺、叫拜楼、文庙、武庙、魁星阁、凤清书院、圆通寺、圣谕堂、财神殿、火神庙、城隍庙,还有四川人建的"川主庙"，江西人建的"江西祠"，大理人建的"太和宫"，和永安客栈等两三家每家都能容纳三四百匹骡马歇脚加料的马店客栈，以及周家巷、汪家巷的几处"四合五天井，走马转角楼"的深宅大院等。除此以外，民国时期所建的二院一庭，有亭台楼阁和水池的县衙门、田冠伍将军故居、田树伍将军故居、天主教堂，以及段氏七格铺子等，也比较富有特色。这些风格各异的古建筑群，集中体现了各民族的文化、风俗和特色，反映了当地人们对佛教、道教、伊斯兰教、天主教信仰的历史。现遗存的古迹、古建筑，大多具有文物保护价值和工艺研究价值。

如今的漾濞古城，退居到了县城的一隅，千年马帮往事都浓缩在一条街面一丈宽窄、弹石铺道、中间镶嵌青石板的沿漾濞江岸延伸的狭长古街上。古街现在被命名为"博南古道一条街"，当地人则称之为小街。

沿着"蜀身毒道"，从远古时代走来的古城，古老、沧桑、沉郁、朴实。悠长清静的古街，幽深空寂的古巷，清幽如许的古井，苍劲葱郁的古树，饱经沧桑的古桥，斑驳古老的古建筑，构成了古街独特的风景和韵味。走在铺着青石板，曾经马蹄"嘚嘚"的古城街道上，给人一种厚重的感觉，让人产生许多幽情和无限遐想。

1 |
|---
2

1. 上街清真寺
2. 博南古道

下街村

　　下街村在县城脚下漾濞江畔，是一个回汉杂居、以回族为主的古老村庄。村后的长竹山，两翼舒展，似欲奋翅高翔的凤凰，故初时名为"凤翔村"。后因与上街相对，又被称为下街，俗称下街子。

　　广义上的漾濞古城，实际上包括上街和下街，二者以雪山河为界。设县前，下街属于蒙化（今巍山）管辖。博南古道穿村而过，原来的村子就顺着大地心（今东片区东侧回族墓地）坡脚的古道由东向西延伸。村子东边有一段四百米的狭长街道。历史上夹街建有马店、客栈、商铺，为古道上来往的马帮商旅提供歇脚和食宿服务，生意曾经兴隆一时。明清时期的漾濞巡检司署即设在此条街道上方的一个大院内——今下街完小所在地。1912年，漾濞设县之初，县公署也驻此处，直到1925年迁驻上街云龙桥头。居民房屋由街道向上下两边散开。一百多年前就被人描述为"民房群落，瓦屋栉比"。过去，村中有两口井供村民饮用，一口是街道上方的大井，一口是街道下方的龙家井。当年靠江边一带皆为良田。1937年滇缅公路修通后，才慢慢有村民在公路两旁建盖房屋。建国后，公路两旁的人家和商铺迅速增多，逐渐形成了现在的下街村格局。

　　回民最早进入漾濞境内的时间在元代。随元世祖忽

必烈攻占大理的部分回族官兵奉命在漾濞驻防和屯田，成为漾濞的回族先民。明洪武十七年（1384），太和县（今大理）营头村"居家营卫"的"探马赤军"后裔马定国，随傅友德、蓝玉、沐英大军征战邓川、浪穹（今洱源）有功，被封任为蒙化府样备（漾濞）巡检司土巡检，身后传子马沙保，世袭三代后，至明宪宗成化年间（1447~1487）"改土归流"才改由流官担任巡检。马氏子孙和部属成为下街土生土长的回民始祖之一。当时邑人统称其为"土司官"家。同时，在漾濞屯田戍守的官兵中，也有一部分回民落籍当地。清代初期，随清军又有部分回民进入漾濞生活。此外，还有一些回族商人也陆续定居漾濞的上下街等地。

清朝咸丰、同治年间，杜文秀率领回众在蒙化（今巍山）小围埂揭竿而起，攻克大理后建立了以回民为主体的

中
国
名
城
·
云
南
漾
濞

起义政权。漾濞回民积极参加了反清斗争。清同治十一年（1872），起义失败，各地回民遭到清军大肆屠杀，漾濞回民也大部分惨遭屠戮。清光绪元年（1875），清军将漾濞降清义军中的回族军官及随从、仆役安置在上街居住，将团练军官中娶回族女子为妻的部分军官安置在下街生活。光绪三年（1877），蒙化直属厅夏廷爨奉命招抚流落外地的回民归籍复业。此后又先后有经商的回民进入定居，下街回民才又渐渐地发展起来。2005年年末，下街村回族人口发展到2238人，占全村人口的60.03%。

在漫长的历史岁月中，下街村回民亦农亦商，以盘田赶马做生意为生。换言之，下街村的回民在从事农业生产的同时，秉承自古善于经商的传统，喜欢赶马从事长途货物贩运和商贸活动。民国后期，全村不足百户回胞养马两百多匹，形成规模不小的商帮，成年累月奔波于博南古道和茶马古道上。过去村子里的青壮年男子大多都有"走夷方"的不平凡经历。"走夷方"就是沿着被称为"南方丝绸之路"的博南古道出永昌（今保山），渡过怒江、翻越高黎贡山，进入缅甸、印度等地做工或经商，有的还在异国他乡成家立业。所以，下街村至今有不少侨胞、侨眷、侨属。回民通过"走夷方"的商贸活动，既增加了自己的财富，也促进了漾濞当地经济的发展。总体看，下街村的回民凭着机敏善断、富有经营头脑又敢于冒险等优秀品质，一般都比较富有。下街回民还非常重义轻财，喜欢扶危济困、热心公益活动，村子里的两个巍峨宏伟的清真寺，就是依靠回民同胞慷慨解囊捐资修建修复的。

下街村的回民建筑，主要分为清真寺和民居两类。清真寺共有两个：古清真寺和上巷清真寺。古清真寺位于老滇缅公路旁，原址为元朝"探马赤军"哨所。从1958年拆换大

1
2

1. 下街古清真寺大门
2. 下街回族民宅群落

殿房顶大梁时，从标梁上写有"大明洪武十五年"的字样推断，可能明朝初年即开始着手建寺。根据相关碑刻和实物资料考证，古清真寺建筑群大约历时两百年(1255~1463)才完全建成。全寺为"三转五大殿"的布局，重檐歇山顶建筑的大殿雄伟壮观，屋架结构非常精巧别致：主体最高度达15公尺以上，出檐飞爪及飞角高度匀称美观，内檐为五层架斗；其上为二公尺飞爪；二公尺六寸出角；一公尺六寸

出檐。顶面内檐架斗三层，四角套榫，双扣于大过梁之上，三转五格，中三格放天花板，以过梁面架斗雕花下衬，过梁以下四面开窗，阳光初升及偏西时从窗孔射入到天花板上，金光闪闪。

建筑工艺精湛、气势宏伟的古清真寺，在滇西清真寺建筑中，可谓首屈一指。据当地已故回族学者马守先说，与古清真寺整体造型完全相仿的，有下关豆糠坡顶营头村古寺、大理古城南"娘娘庙"，以及昆明圆通寺正殿等，表明古清真寺建筑深受汉文化建筑风格的影响。另外，还有人研究发现，古清真寺与西安著名的清真大寺也有颇多类似的地方。1872年后，古清真寺原有的牌楼式大门、照壁、叫拜楼、二门、宫廷双照壁、石牌坊、院落内池潭、拱桥、南北耳房均遭到拆毁。仅存的大殿又被清政府当做"叛产"

1 | 3
2

1.下街古清真寺一角
2~3.下街古清真寺

中国名城·云南漾濞

没收，改作祭祀先师孔子的文庙，建国后还长期被用作粮食局仓库。1994 年，县政府将古清真寺交还下街回族管理使用，古清真寺才得到相应的修缮修复，2003 年 8 月列为大理白族自治州重点文物保护单位。

上巷清真寺坐落于原来的下街村子的中心位置，始建于民国八年（1919）。此寺坐西朝东，大殿单檐，通面阔19.47 米，通进深 16.10 米，高 14.3 米，屋梁上书有"民国八年……建"等字样。大殿有 18 扇格子门，格子门上为梅花窗格，中镶一块透雕彩绘花卉，下为浮雕图案，或平面山水画。大殿前筑一平台，砌石阶连接院场，院场面积约 80 多平方米；阶下有两个花台，植有花卉。左为两间停尸房，门前有一株阿拉伯蜜枣树，直径约 0.5 米，高约一米，相传为建寺时栽培。右为四间厢房，其中一间为通道，通向另一小院。院场面积约 11.2 平方米。此寺地处陡坎，故寺门较高，颇为壮观。

民居建筑，过去一般为土木结构的"一坊一漏"瓦房，家庭条件较好的人家多建有"三坊一照壁"的院落。而少数富豪缙绅或商贾大户，则居住在"四合五天井，走马转角楼"的深宅大院。其中以马家大院最富特色。此大院位于今天下街完小背后，坐北朝南，正房为殿阁造型，飞檐

中
国
名
城
·
云
南
漾
濞

串角，雕梁画栋，两边的两个漏阁各套一个小天井，东西两侧为厢房，前面建有高大的照壁。院心为青石板铺成，正房和厢房前，都建有花台，植有花卉。整个大院，显得布局严整，庄严气派，富丽堂皇。

回民家庭，无论穷富，房屋内都设有礼拜房和堂屋，堂屋内布置有经坛，院内多植有花草竹木。

下街回民除过穆斯林特有的圣纪节、开斋节、古尔邦节外，还过春节、火把节等当地汉族、白族、彝族的部分节日。圣纪节是纪念伊斯兰教先知穆罕默德诞辰与忌辰的节日。节日由乡老轮流主持。节日当天阿訇念诵《古兰经》，赞圣，讲述穆罕默德生平事迹，最后聚餐。有经济能力的人捐钱，作为清真寺的用度开支。圣纪节的下午是亡人节，此节日为大理地区特有，以纪念杜文秀起义失败后被屠杀的回民同胞。开斋节也是回民的重要节日，开斋节的活动

主要有礼拜、诵经、游坟、互拜等。古尔邦节又叫忠孝节、宰生节，节日这天回民要先行早斋戒，然后到清真寺礼拜，有能力的人家要在清真寺或家里宰羊备席，邀请亲朋好友及四邻共进晚餐，并须将当天准备的饭菜全部吃完。其他回民节日还有"姑太节"等。

下街回民的主食是米饭。肉食以牛、羊、鸡、鸭、鱼为主，喜欢吃腊鹅、腊鸭、鸡枞油、牛干巴、饵丝、腌豆腐等地方特色小吃。节日期间，回民还要用麦面做回族特色小吃油香、树皮、馓子。喜欢喝茶，冬日里将茶叶放到小陶罐中用炭火慢慢烤黄，再冲上开水，一屋立即香气四溢，饮一口回味无穷。服装与当地汉族相似，只在节日和礼拜时，男子会头戴无边小白帽或紫红色帽子，女子则头披白纱，部分阿訇会穿上绿色的节日礼服。

下街村回民与当地各族人民自古以来和睦相处，互相尊重，互敬互爱。由于长期互相依赖，互相帮助，互相通婚，密切往来，下街村回民与周围的各族人民结下了深厚的民族感情和友谊。回、汉之间互称"亲戚家"，回、彝之间互称"老本家"。

2	3
1	

1. "四合五天井"
2~3. 下街回民入教后做礼拜是他们生活中的一部分

中国名城·云南漾濞

滇缅公路与漾濞

漾濞境内的滇缅公路，东起与大理市接壤的四十里桥，西至与永平县分界的顺濞桥，共63公里。当年修筑时，由于漾濞县小人少，四十里桥至河西大桥这二十多公里的地段乃由凤仪（今属大理市）、蒙化（今巍山）等邻县来负责修筑，漾濞主要负责河西大桥至顺濞桥36公里地段的施工。当年为了开凿这段蜿蜒在山高谷深、险峻地带的公路，仅有3206户、20863人的漾濞县，竟征调了六千多名民工。而先后征用民工人数达1.8万人（次），出勤85.59万个，完成土石方55.61万立方米，于1938年5月30日完工。

在那国难当头的最危急关头，为了早日开通这条肩负着中华民族存亡的特殊使命的公路，漾濞人民付出了极大的代价。参加筑路的民工都是自备口粮和工具，有的为夫妻一起上阵，有的为祖孙三代同行，还有不少是携家带口

的。这些人数占了当时全县总人口五分之一的男女老少民工到达工地后，"昼则胼手胝足，夜则风餐露宿"，显示出了不畏艰险、不怕牺牲的高昂的爱国激情，有的甚至还献出了宝贵的生命。历经半年时间，硬是用锄头、铁铲、扁担、草绳、钻子、大锤、炮杆、黑火药等原始工具，在箐深壑阔，施工条件异常恶劣的原始森林中，甚至是悬崖绝壁间，终于"抠出"了这条国际运输线的最艰难的一段。为抗日战争的胜利，漾濞人民作出了不可磨灭的贡献。

在滇西抗战反攻前夕，1944 年 1 月至 3 月，五千名远征军战士还在汹涌澎湃的漾濞江上操练了一百多天，然后踏上这条"抗战国际大动脉"，成为中国远征军滇西反攻强渡怒江的急先锋，一战杀过怒江天险，直逼腾冲城下。

当战争结束后，作为昆畹公路——320 国道的必经之地，漾濞境内的老滇缅公路上，依然车水马龙。直到 1980 年 4 月 4 日，320 国道由平坡、顺濞改道，漾濞境内的老滇缅公路才终于沉寂下来。虽然漾濞境内的大部分老滇缅公路，如今只是 320 国道的备用公路，甚至沦落为一条车少人稀的乡村公路，但作为一条曾经名震中外、具有光荣历史的抗战公路

2
1

1. 老滇缅公路
2. 老滇缅公路石门券桥

中 国 名 城 · 云 南 漾 濞

上保存最完整的一段，漾濞境内的这段老滇缅公路正日益引起人们的格外关注和重视。

　　2010年5月20日下午，海峡两岸"二战"老兵后代组织的"重走中国远征军之路"活动，踏上漾濞县城至太平乡顺濞桥之间的老滇缅公路，寻访当年父辈的足迹。远征军总司令卫立煌将军的孙女卫修宁说："远征军滇缅作战胜利的取得，除了远征军全体将士的英勇战斗、流血牺牲，还与包括漾濞在内的全滇西各族人民的支持分不开，我作为当时远征军总司令卫立煌将军的孙女，重走远征军之路，是对先辈的缅怀和纪念，更深深感受到了父辈们滚烫的爱国情怀。"陈纳德飞虎队巫家坝大队长、十万青年远征军总领导之一杨公铸少将的女儿杨德蓉说："踏在父辈们走过的路上，体会到父辈当年金戈铁马的雄壮和一腔爱国热血。"

中
国
名
城
·
云
南
漾
濞

中国民间
文化遗产
抢救工程
THE PROJECT TO CHINESE
FOLK CULTURAL HERITAGES
SOS

山川名胜

中国民间
文化遗产
抢救工程
THE PROJECT TO CHINESE
FOLK CULTURAL HERITAGES
SOS

天开石门

石门关为一处断崖峡谷奇观，位于点苍山西麓、漾濞江东岸。峡谷深数百米，宽约百米，长千余米，两岸壁峭千仞，巨石突兀，状若一道巨大的门，故名"天开石门"。苍山雪水化成的清溪从高处而下，清流穿峡，飞瀑跌宕，近千米的峡谷中共有七潭七瀑，溪水平缓处潭潭凝碧，湍急时轰然雷动。谷中风景幽秀，令人神往。从关外远看，但见云雾缭绕中"露出青芙蓉两片，插天拔地，骈立对峙，其内崇峦叠映，云影出没，令人神跃"（引自《徐霞客游记》）。

由石门关登上点苍山最高峰马龙峰，翻越点苍山即进入大理。唐景龙元年（707），吐蕃及姚州蛮入侵洱海地区，"遵洱河尾以西，见吐蕃筑城，以链絙梁渡样备越点苍"，唐九征败之。宋初，段思平统军经石门关越点苍山克龙尾关，灭南诏立大理国。元世祖忽必烈从石门关越点苍山，在洗马潭饮坐骑，下洱海边灭大理国，赛典赤扶滇时将云南政治经济文化中心东移昆明。明时，沐英、傅友德、蓝玉"征大理，出点苍山后，立旗帜以乱之，即由此道上也"。

明代翰林李元阳于嘉靖三十三年（1554）春游石门关，作有《石门山记》。明代地理学家徐霞客于崇祯十二年（1639）三月二十一日游石门关，在其游记中对石门关地理环境、自然风光和历史事件作了详细记述。石门关外的金牛屯原有一巨石，状若石牛，当地民间有石门为石牛所撞开的传说。近代茈碧人氏杏子轩诗咏石门："阳春三月野花香，微风送暖拂衣裳；莫道故园山水美，石门之秀甲云南。""为爱石门秀，归途日已斜。隔江闻犬吠，灯火两三家。"当代国画大师徐悲鸿亦曾来石门关游历写生，据说有画作流传在当地民间。

石门关风景奇绝，石门河清碧如玉。沿石门关内栈道而上，可至玉皇阁，上千佛顶，凭高览胜。石门关外的多家休闲山庄可食可宿，特色美食烤全羊闻名遐迩。石门关的美景美食吸引着八方来客来此探险旅游，休闲度假。关外古刹福国寺安静清宁，进入寺院，可偷浮生半日闲。

漾濞石门关

中国名城·云南漾濞

铁锁云龙

在博南古街的尽头，有铁索吊桥横跨漾江之上，名"云龙桥"。桥由环环相扣的八根巨大铁链连接两端，桥面用木板铺成。桥两端建有亭子间，供往来行人避雨歇脚。有史料介绍说，此桥始建于唐代，历代数次修葺，为南方古丝绸之路上现存唯一一座至今仍通行的古桥。唐刘肃《大唐新语》中有"时吐蕃以铁索跨漾水、濞水为桥，以通西洱河"之言，正是史料中所言的跨漾水之铁索桥即为今之云龙桥。《徐霞客游记》关于漾濞古城的记载中有"街北上游一里，有铁索桥"。《康熙蒙化府志》记载此桥"后因倾圯，行者望洋。康熙三十一年提督诺穆图捐资改建"。

云龙桥何以名之云龙，一说云龙桥基之地脉，为风水先生从云龙县的一支山脉牵赶下来，故名；又传说在该桥以下的漾濞江上曾数番架桥，皆毁于水火，欲择址另建，久寻而未得，忽一日苍山彩云飘飘悠悠落于漾江，

2
1 3

1~2.云龙桥
3.云龙桥碑文

绵亘两岸。乡人奇之，以为天示桥址，遂于此建铁索桥，并名云龙。此桥建成，果然牢固。后人有"溪涧横卧一虹桥，铁锁云龙几折腰"，"彩云一道当空舞，铁链锁来景更娇"之诗句，故而，云龙古桥又有"铁锁云龙"、"澜架飞虹"、"苍虹落漾"之美名，现为云南省重点文物保护单位。

云龙桥下的江面上，原有巨石中立，名为"漾江独石"，与秀岭山上的"秀岭孤松"同入诗联："秀岭孤松东西南北风债主；漾江独石前后左右水冤家"，此联现挂于云龙桥西面桥头，为大理著名书法家杜武所书。古桥与古城连为一体，既是交通要道，又是人们休闲、观景的好去处。

博南古街

博南古街在漾濞县城脚下临江的一隅，长约千米，当地人们习惯称其为老街，是漾濞作为集镇最初的发源地，也是漾濞作为省级历史文化名城的核心所在，至今已有六百多年的历史。

这段不算太长也不算太短的历史，更多地凭依于一条古道、一湾江流。古道是西南丝绸古道，它包括漾濞在内的滇西南境内的长长一段，又被称为博南古道。据说，这西南丝绸古道发端于两千多年前，在时间上，早于西汉张骞的西北丝绸之路。最初作为古道上的人马驿站的小镇漾濞，是被古道的风尘和赶马人的汗水滋养出来的一个小小埠头。那一湾江流是漾濞江，它恒久地流过小镇的脚下，在这里打了一个柔和的弯，之后，往远处去了。史书上没有说，这同样名为漾濞的小镇和江流，到底是镇因江而得名，

博南古街

博南古道遗址

中 国 名 城 · 云 南 漾 濞

还是江因镇而流传。人们只知道，一直以来，它们便相依相伴，不可分割。倒是书上有说道，漾濞在历史上曾名为"漾备"，是南诏时期的一个小诏。想必那时，这江同样也是名为"漾备"的。《徐霞客游记》里曾写道这临江的小镇当年的繁华："三里余，抵漾濞街，居庐夹街临水，甚盛。"

老街从古道上的人马驿站，转变为地方政治、经济、文化中心，起于辛亥革命第二年（1912）漾濞建县，老街因其不言而喻的重要位置，成为县城所在。在此后的数十年间，老街便是当地最繁华的地带，店铺密集，商业兴盛，人马喧嚣，商贾云集。一直到20世纪80年代后，漾濞县城逐渐向东向北发展，县城中心开始转移，随着机关和许多单位一一搬出老街，老街才渐渐结束了它作为地方商贸中心数百年的喧闹。

作为一个千年古道上的重要驿站，作为一种珍贵的历史记忆，从20世纪90年代以来，地方上对老街的历史风貌作了保护和部分修复，对老街两侧新建筑的高度及风格作了相对统一的要求。街的名字在几经变迁后，终又回复本然，名为博南。而在当地人们的口中，老街还是被称做老街，抑或是小街。说老街是因为它的历史，它相对于新县城的古老；说小街是相对于县城里那些新修的宽阔马路。老街不足一里的街道，宽不足五米，中间一溜两尺宽的青石条，两侧镶上卵石。窄窄的石子街道，盛满老街旧日的时光。

近些年来，有许多外地的客人来到漾濞，其间，几乎每一个冲着漾濞的旧时光而来的人，都会走到老街，去看，去听，去读，去体味老街的那些往日时光。而在几乎所有外地作家关于"漾濞"二字的文学讲述里，人们都会寻找到这条老街，以及这条老街上的那些深深浅浅的往事。

| 1 |
| 2 |

1~2.博南古街

中
国
名
城
·
云
南
漾
濞

百丈崖桥一线天

中
国
名
城
·
云
南
漾
濞

　　百丈崖桥一线天位于苍山雪人峰西麓，苍山西镇美翁村境内，距县城约十公里，亦为一断崖峡谷。峡谷长百余米，谷底溪水丝丝凝碧，若流动之翡翠。由峡谷口蹚水而入，仰望峡顶，崖壁訇然断裂，露出一线细细的青天。一帘瀑布由高处跌落，喷珠溅玉，宛若天女散花。两侧崖壁挂满苔藓，滴水如珠，中有一景，名曰观音滴水。至峡谷尽头，危崖巉岩，怪石嶙峋。一线天之上，20 世纪 80 年代架有

栗木板简易桥，供两岸人们通行，后建成水泥桥。桥头亭联两副，一云"一线天外彩虹飞渡盖世，千丈崖底清流直泻惊魂"；一云"峡谷峭壁通幽径，雪岭玉泉含明珠"。崖桥之内为苍山雪人峰大峡谷，从苍山下来的溪流奔涌而来，经千百万年侵蚀，下切为一个深百余米、上端宽四五米的V形深谷。站在桥上俯瞰峡底，幽深凉意自颈后顿生。从桥上往深涧投下石子，半晌，幽幽回声方从谷底传回。

中
国
名
城
·
云
南
漾
濞

飞凤山望江亭

漾濞县城隔江对岸是飞凤山森林公园，在飞凤山的东翼有望江亭。望江亭，顾名思义，登临亭上，可望江流。望江亭一共五层，一层有一层的高度和视野。在最高处凭栏远望，便见从西北而来的漾濞江，在城下拐了一个手臂弯，轻轻环住小城，之后，缓缓向东南流去，视线之内，江流与小城，尽收眼底。许多介绍漾濞县城全景的江城相依的摄影图片，大多便是从这个角度拍摄的。有外来的朋友要一览漾濞县城全景，自然也要登上此亭，站在亭楼高处，看山下江流如带，江岸的古城流去时光千载。

望江亭的亭柱上有漾濞作家马紫钟撰写的漾濞"十六景"长联：

揽江里点苍白雪，化清流，驾风涛云浪，穿百丈崖桥，过天开石门，赢得江流有声，西汇秀岭孤松之韵，东和福国晚钟之音，迎汉营夜月，遥对太保七星，光照高天阔地；眺山下铁锁云龙，兴风浪，挟雷鸣电闪，乘河杨撒花，舞凤山雨旗，惊走西河筏渡，北借苍虹落漾之势，南得鱼跃龙门之力，拔漾江独石，远叩白石悬钟，声震锦山秀水。

亭下周围全都是郁郁葱葱的树木，亭内院中有秋千架。望江亭因其隔城较近，最适宜人们在周末或假日前往闲游。春日前往游览，亭下院中地上冒出许多野生的水仙，粉红的花儿，开在新草尚未发绿的地面。秋日登临亭上，但见山下江岸及县城周围的田野之上秋色层层，使人顿感秋高岁美。层层秋色之内的古城，宁静祥和。

上望江亭，要从城下穿过老街，过云龙古桥，再斜斜地爬两公里的山路。途经云龙桥头的文殊院，以及道观老君殿。两公里多的山路，一上一下，走出微汗。返回至山脚，可在老君殿或文殊院稍作歇息，讨一杯清茶，喝下，消去一身暑热。

望江亭

中 国 名 城 · 云 南 漾 濞

飞凤山远眺

中
国
名
城
·
云
南
漾
濞

苍山西坡
杜鹃花海

在漾江镇东面，点苍山西坡白云峰与莲花峰之间海拔三千米左右的地带，有万亩原始杜鹃林，其间的杜鹃品种有大树杜鹃、丛生杜鹃，杜鹃的颜色有红杜鹃、白杜鹃、黄杜鹃、紫杜鹃，其中最多的为红杜鹃，花开时节最为壮观。每年春天，漫山杜鹃随着节令回暖，气温升高，从低处一层一层向上开去，犹如红色的海潮，一层一层向上升起。这时节，在苍山的高处，还有未化的银色的积雪；雪线之下，春草初晕染开淡淡的绿；而在草甸之下，漫山杜鹃如火如荼，开尽人间春色。近年来，人们还在这里发现了世所罕见的龙女花，美丽的苍山西坡又增添了新的神秘魅力。

中国名城·云南漾濞

游苍山西坡杜鹃花海，可从漾江镇境内多个地方上山，可乘车从蜿蜒的山路而上，亦可骑马上山，迎着春风一路看花。每年春天，苍山西坡杜鹃花开，当地的人们多要相约亲朋故友，于周末或假日登高赏花。这漫山花开也引来了不计其数远道而来的客人，沿着花开的方向骑马上山。苍山亘古，花开如潮，游人如云。

　　在西坡脚下，漾江镇东南角，有白王城遗址。遗址坐北朝南，面积约两万五千五百平方米，为椭圆形。遗址内发掘出麻布纹瓦片，有洗马池、练兵场。据推断，该遗址为大理国时期建筑。

苍山大花园

美丽神奇的马尾水

马尾水是一道形似马尾的瀑布，在平坡镇平坡村境内。

从平坡券桥河往上，途经沟头箐，磨坊箐，马尾水所在的箐当地称为大箐，箐中之河称为大箐河，一条羊肠小道通向箐里。箐河之上有简易木桥，一路进去，随着河水曲折需过数次木桥。过三道桥后，左边山崖凸起，宛如一只大公鸡雄踞在此，山脚则向里凹进去，形成一间天然石房，可供路人在此遮风避雨，当地人们称之为公鸡房；再往里，右边的山崖又凸起，似一只大母鸡蹲卧于此，人们称之为母鸡房。继续往里走，两座黑山崖高耸入云，当地民间传说有两条黑龙居住于此。渐入深谷，谷中溪流愈发幽

中国名城·云南漾濞

秀，花草散发缕缕芬芳，偶有一两片雾岚自深谷中冉冉升起，有若仙境。再往里，又过四道桥和五道桥，远远听到哗哗的水声，循声看去，只见一道水帘从天而降，状如马尾，飘洒而下，这便是马尾水瀑布了。马尾水再往里有七台水，是一组十分美丽壮观的叠泉。

当地民间传说，天帝乘天马视察人间，降落此处，不料，马蹄和马尾陷入石缝间。天帝一时情急，策鞭驱马飞腾，不慎将马尾拔断，从此，这天马之尾便留在了此处。枯水时节，马尾水瀑布自高处轻轻梳流，而到汛雨时节，"马尾"则愈发神采飘逸，丝丝水流如万缕银丝飘洒，令人称绝。

1 | 2

1. 马尾水
2. 三叠水

中国名城·云南漾濞

光明核桃园

光明是一个村庄，在苍山西坡高处一片和缓的坡地上。

光明多核桃，不是一棵两棵，也不是一片两片，而是整个村子就在核桃林中，核桃林就是整个村庄。走进核桃林，若没有向导，人会迷失方向。许多人知道漾濞是中国核桃之乡，漾濞县文联主办的文艺月刊，取名为《核桃源》，显然，在这些概念当中，都有光明的核桃在里面。光明也被人们称为核桃村，"村"，在对这个字的定义中，原本有着安宁祥和的意义在里面。

光明满山的核桃绝大多数都是老树，树龄数十年甚至上百年，据说，村里最古老的那棵核桃树，已经有三百多年的历史。夏天的光明，是一片绿色的海，村庄里数不清的老核桃树，覆盖着年复一年的绿荫，绿荫里挂满核桃果，绿荫下的人家，一如既往地过着安宁而平静的生活。光明农家的饭菜，散发着岁月清宁温暖的气息。腊肉煮土鸡、

中
国
名
城
·
云
南
漾
濞

老火腿肉、大白豆煮腊猪脚、素黄瓜、炒黄豆包谷、炒竹笋、煎荷包鸡蛋、焖小瓜洋芋、木瓜煮羊肉……满桌的菜色间再加一碟"鬼火绿"：将火烧青椒撕了，加上姜、蒜、芫荽、花椒、酱油，色鲜味美。在光明的每一户农家都可以品尝到特色美味的农家菜。

每年阳历的九月一日，漾濞一年一度的核桃节要在这核桃林里举行。届时，身着古老祭服的彝族祭司要带着人们在村中最古老的核桃树前举行祭核桃神仪式，感谢上苍恩赐，让核桃丰收，让彝乡大地岁顺年安。从县内各地赶来的人们身着节日盛装，吹响大筒唢呐，歌舞庆贺这丰收的节日。各级各界、四方媒体的记者云集核桃林下，见证这一年一度的盛会。整个光明的核桃林下，歌声如海，人声如潮。

核桃节上要吃核桃宴。核桃炖羊脑、核桃扣肉、核桃八宝饭、核桃肉圆子、核桃叶炒火腿、核仁荷叶饼、核桃糕、酥核桃、青椒煸炒新鲜核桃仁、核桃仁炖鸡蛋、核桃炖猪脚、核桃馅汤圆、核桃拌生皮、核桃粥……数十种核桃美食摆满桌子，让外来的客人们叹为观止。彝家姑娘端上核桃美酒，唱起祝福的酒歌，将节日的吉祥与欢乐推向又一个高潮。

2

1

1. 光明核桃园
2. 打核桃

秀岭梨花

秀岭梨花是一山春雪。

出了漾濞县城，过河西大桥，不远，又过一条名叫石月亮的小河，之后，沿着老滇缅公路，一路S弯向上，行十来公里，一直上到山顶，便是秀岭梨园。春日，秀岭的漫山梨花开成一山春雪时，梨园，便是人们春游休闲的极美去处。

电视镜头里的秀岭梨花，漫山遍野，如雾如雪，如梦似幻。在各种摄影图片里，秀岭梨花美轮美奂，宛如仙境。梨园内有农家山庄，山庄里有当地特色美食。每年春天，秀岭的漫山梨花，不知引来多少慕名的游客，沿着一路S弯的盘山公路前来寻访。

关于秀岭，旧时人们总结漾濞八景，其中有一景为"秀岭孤松"；又有一段典故，说旧时在这秀岭山上有大觉寺，相传当年，林则徐奉命赴永昌府解决回汉纠纷，归来时途经

中国名城·云南漾濞

秀岭大觉寺。其时，松风万壑，细雨霏霏。寺中姚长老出寺迎接，寒暄毕，林挥手指松涛，吟道："风吹松林摇（姚）和尚。"姚举目望雨天回敬道："天降细雨淋（林）大人。"和尚与大人趣对风天雨地，一时传作佳话。后来，大觉寺在抗战期间因修筑滇缅公路的需要被拆除，"秀岭孤松"也已不在。今时却有秀岭梨花，春来漫山如雪，成为如诗美景。

梨花开尽，夏去秋来，又有满山梨果。秀岭梨名玉香梨，梨肉洁白，甜糯多汁，是梨中名品。秋日上秀岭梨园摘梨，吃羊肉火锅，方知秋色"醉美"。

2
3
1

1. 秀岭梨园
2~3. 秀岭梨花

中国名城·云南漾濞

汉营夜月

　　汉营夜月是一道旧景。说的是现今的太平乡政府所在地，当年是西南丝绸古道上的一个驿站。传说，诸葛武侯南征时，领军在此安营，"当暮色苍茫，云海浪山深处，一轮山月徐徐东升。举目望月，怀古思幽之情油然而生：四面丛莽幢幢，似见汉军营盘，人影绰绰；万壑林涛呼啸，如闻战马嘶鸣，刀戈撞击……"在过去很长的时间里，太平不叫太平，叫汉营乡。

　　抗战时的滇缅公路也沿着古道的线路从这里经过。如今

在太平街上的 90 岁的梅平珍老人，常常向来寻访滇缅公路的人们讲起当年修滇缅公路的艰辛往事。抗战胜利后，滇缅公路作为 320 国道主线，仍然交通繁忙。直到 20 世纪 80 年代末，国道改线，不再从太平街经过，太平，终于安静下来。

　　太平街所在地，一河中流，乡机关和集镇在岸上，对面是名为猪嘴崖的山崖。天朗风清之夜，当年诸葛武侯曾举目遥望的那轮山月，仍然一次又一次从山头升起，将宁静的清辉洒在这旧年的营盘，今时的太平。

西南丝绸古道上的太平驿，
现为太平乡集镇所在地

中国名城·云南漾濞

中国民间
文化遗产
抢救工程
THE PROJECT TO CHINESE
FOLK CULTURAL HERITAGES

寺

文物古迹

中国民间
文化遗产
抢救工程
THE PROJECT TO CHINESE
FOLK CULTURAL HERITAGES

SOS

地处博南古道要津的漾濞，素有"苍山分灵，漾水毓秀"之美誉。虽然民国元年（1912）设县之前，漾濞"地连别属，境处一隅"。但漾濞"有明以来人多矢志读书存心之品，寄心正而登科第，列仕籍者代不乏人"。

现有文字资料可考的漾濞举人，有明嘉靖丁酉科（1537）举人、曾任湖广衡阳县令的李濞川（李秉忠）；清代有乾隆乙卯科（1795）李上馨，嘉庆己卯科（1819）赵义，道光壬辰科（1832）田霖，道光癸卯科（1843）施恒，咸丰壬子科（1852）阿中立。其中曾被昆明五华书院主讲刘大绅惊叹为"不意深山大泽中，竟有此怪物"的阿中立，还在乡试中考中举人第一名解元。

有读书中举者，自然就少不了培养学子的地方。按口碑资料相传，早在明朝中叶，漾濞就有私塾开办。据刘文征明天启《滇志》卷九载：嘉靖十五年，设在今天太平乡的打牛坪公馆里，即建立了一所社学——地方官奉朝廷诏令在乡村设立的"教童蒙始学"的启蒙学校，取15岁以下儿童为生员，以《孝经》、《小学》、《大学》、《论语》、《孟子》等经典诗书为教材，学无严格年限。这是当时永昌府仅有的两所社学之一。清雍正二年（1724）漾濞又有义学（旧时靠官款、地方公款或地租设立的蒙学。对象多为贫寒子弟，免费上学）。清道光八年（1828），漾濞本地才有了培养学子读书习文的较高一级的教学机构——化平书院。

化平书院位于漾濞云龙桥头的飞凤山麓，是由山麓上的武侯祠改建而成。化平书院的开办，与当年新任的永平知事曹擢新的努力分不开。曹擢新，号云舫，四川人，清道光八年（1828）任永平知事。据其自述，这位道光丙戌科（1826）进士为官一方，就是"以培养人才为亟"。他走马上任永平知事之初，置一切政事不顾，"先从事于观风课士"——观察风土人情，考察地方人才培养情况。经过一段时间的"按月出诗文题谕"考核，他发现"漾濞生童，文多蓬勃"。故此他对"禀赋厚矣"的"漾濞生童"寄予深切的厚望。这年秋天，刚上任半载的曹知事来漾濞巡察办案，当地儒生在飞凤山的武侯祠为其设宴接风。

曹知事来到武侯祠，时值正午。宴毕，他欣然邀"诸生"同登魁星阁，凭栏一览河山。他"见漾江曲折北来，苍山东峙，诸峰耸秀，高插云天，气势磅礴"，令人叹为观止；又见飞凤山"左右如两翼，凤居首，有展翅欲翔之状"；而"对面群峰相映，文象显昭"。一幅雄伟壮丽的江山图画使曹知事情不自禁地倡议："我观此地形胜，西山灵气聚于此间，对象亦美不胜收"，真是一块风水宝地。"建武侯祠，不过崇德报功耳，若改书院，延聘通儒，使士子肄业其中"，将来一定会"雁塔蟾宫"（意为名题雁塔，蟾宫折桂，喻登科中榜），前程无限。父母官大人的倡议，当即得到在场书生的赞同。于是，他具文与蒙化直隶厅往返磋商，并带头"捐设膏火"（生童的求学费用）。经过多方努力，这座清雍正二年（1724）由永平知县魏宾国捐款建造的武侯祠遂改为书院。由于在这里学习的生童来自蒙化、永平两地，所规定考课也是"甲月蒙化，乙月永平"，遂命名为"化平书院"。从此，本邑的弟子即可就近入学，而不必再跋山涉水，远到蒙化文昌书院或永平博南书院求学。

然而，好景不长。咸同年间滇西爆发杜文秀起义时，化平书院亦遭兵燹，加上"旧有书院所收租息"，又"为地方豪横所侵，存留稀微，难以接继"。书院遂废弃，沦为乞丐聚集之所。这样，当地的莘莘学子又失去了就近求学的场所，面临着"大木不遇良工，终弃山谷"的命运。后来，有位名叫方渼翁（生平不详，大约为学正一类官员）的人来到漾濞，当地的书生向他表达了重建书院的愿望，得到他的支持。在他的帮助下，经过"相其阴阳，观其流泉，定依旧址重建（书院）于桥头之上"。于是在化平书院的废墟上，一座"碧瓦丹题"的书院复又重现。为了表达良好的愿望，邑人根据"彩凤衔书"——即相传玉帝遣彩凤衔天书一部，降人间而启蒙愚昧的美意，将原化平书院更名为"凤衔书院"。又因院中有一泓潺潺清泉，又名"泉清书院"。最后，合二美名为"凤清书院"。该名据今人推测，可能含有"雏凤清于老凤声"，以此激励书院的生童"青出于蓝而胜于蓝"之意。

坐落在飞凤山麓的漾濞境内的重要书院，从清道光八年（1828）建立到清末废科举兴学校的八十多年的岁月里，几毁几建，起落不定。其间更难能可贵的是，不少有识之士或本着"国家之兴衰视乎人才，培养人才"的真理，或看到"良以教化兴，而后人心正，风俗醇，其有关于学校者，巨也"的作用，从而热心兴学育才，积极创建或重建书院，乃至慷慨解囊，捐银赠地，以作为书院运作的经费。其行其为，堪作后人的榜样。

凤清书院已成为故事，但在历史的长河中却开创了漾濞学校教育的先河，同时也培养了一批重要人才。诸如曾任民国云南省军政府参谋长的田钟谷将军、原国民党第二十五集团军副总司令的田钟毅将军等，均是凤清书院飞出的才俊雄杰。此外，被誉为"云南辛亥三杰"之一的马骧先生，曾在书院任过教。还有施恒、杨纯绪、田坤、施士英等地方的硕学宿儒，也都曾先后担任过书院山长或居院讲学。

1 | 2 | 3

1. 文殊院
2. 文殊院大钟
3. 文殊院大鼓

庙宇寺观

道教、佛教传到漾濞后，与本土"万物有灵，灵魂不灭"的自然崇拜和祖先崇拜为特征的原始宗教信仰，在产生对立、排斥，继而互相融合、吸收的基础上，形成了多元的宗教现象。这反映在漾濞寺院的特点上，各种宗教信仰往往没有严格的区分，不少寺院都是佛、道合一，多教混合。可以说，漾濞寺庙最大的特色就是"你中有我，我中有你"，互相借鉴和吸收，诸教合一。

福国寺

福国寺坐落于石门关左侧，是漾濞最古老的寺院之一。据《大理古轶书钞》记载：此寺院最初由大理国皇帝段正明于公元1093年下令修建，并于次年出家到寺中担任第一代住持，他的五个后妃也同时受"居士戒"，在福国寺后建

明月庵修行。只是《大理古轶书钞》中记载的福国寺的"福"字为"阿弥陀佛"的"佛"，与如今"福禄寿考"的"福"，音同字不同。

漾濞地方典籍和民间传说对福国寺的起源是这样说的：相传明末清初，滇西道台徐伟弃官返乡途中，为雄奇壮丽的石门关风光迷醉，便和其长子（名不详）在此出家修行。徐伟捐出积存的所有银两，又与儿子分头四处募集善款，历经15年辛劳，一座巍峨壮观的寺院终于矗立在这方明山秀水间。为了纪念徐氏父子共同修建福国寺的无量功德，过去寺中的祖祠就供奉有开山祖师徐伟父子塑像，可惜被毁于1958年。现在福国寺的正殿前面的门枋上，还挂着一副颂扬徐氏父子的楹联："父子同心修福国，师徒两代享香烟。"

民国年间，福国寺归属鸡足山丛林管理。1931年以后，鸡足山先后派来了盛华、果灿、果庆等尼姑来做住持，福

| 1 | 2 |

1~2. 福国寺

国寺遂演变成尼姑庵。寺里最多曾住有12个尼姑修行。此外，还经常有云游僧人来福国寺"挂单"修行。甚至还有西藏喇嘛以及缅甸、柬埔寨、马来西亚等异国的行脚僧，不时来福国寺参拜。

20世纪五六十年代，福国寺屡遭破坏，变成一片废墟。现在的寺院为20世纪80年代初以来民间信众募捐陆续重建，分为前、中、后三院。前院是山门外的场院，场院周围，古寺断垣残壁依然历历可见。山门前左侧还保留着一道石条砌成的完整的月亮形券门。登上15级台阶，穿过山门，就进入种植有松柏花卉、环境清幽的中院。再穿过一道牌楼式建筑的中门，便进入后院。整个寺宇的布局东西横列三殿、南北纵建二阁。寺中供奉有释迦牟尼、伽蓝、达摩、弥勒佛、观音菩萨、护法韦陀等佛像。正殿门外檐廊东边的山花墙下，放置着一面直径约四尺的大鼓，大鼓上方悬吊着一口重达五百多公斤的"万民钟"。朝朝暮暮，大钟撞响，钟声悠扬清远，山鸣谷应，在广阔的苍山漾水间，久久回荡不绝。此即为漾濞著名的十景之一"福国钟声"。

福国古寺与近在咫尺、得天独厚的"天开石门"地质奇观相映生辉，共同构筑成苍山漾水间一道集雄奇山水风光和深厚人文积淀于一体的靓丽风景名胜。

玉皇阁

站在福国寺前举目仰望，只见云缭雾绕的石门关顶右侧陡峻的峭壁上，一座寺院高屋危楼，靠山依崖据险而立，这就是玉皇阁。在玉皇阁下面两公里处的地方，还有一座掩映在葱郁葱茏林荫中的飞檐翘角、楼阁耸峙的寺院——金鞍寺。徐霞客在游记中称此地为"玉峰寺废址"，并追述说："玉峰者，万历初僧石光所建。"关于金鞍寺的来历，民间相传是一个老道士，曾梦见太上老君开示他说："诸神上山朝拜玉帝，要在此地歇息一下和做些准备。"于是老道士就带领弟子，在此劈坡铲坎，建盖了此座寺院。因其坐落于

1. 福国寺
2. 靠山依崖据险而立的玉皇阁

中国名城·云南漾濞

中
国
名
城
·
云
南
漾
濞

两峰凸起处、状若马鞍的地形间，故名金鞍寺。过去，人们上玉皇阁敬香，也都要在金鞍寺歇歇脚。如今公路已修筑到寺院脚下，去游玉皇阁的游客，一般都将车辆停在这里，先到此寺敬香拜佛。

明嘉靖三十三年（1554），著名白族学者李元阳在《石门山记》中，即载有此金鞍寺"又东南升三里，至仙真阁"的字句。八十多年后，徐霞客在其游记中记述："共二里得玉皇阁，初创于朱史二道人。"可见玉皇阁的前身，就是仙真阁。从徐霞客的记述中得知，玉皇阁所在的清凉山，最

1. 玉皇阁仙人洞
2. 玉皇阁宝塔

早的修行者是"朱史二道人"。关于玉皇阁的缘起，民间流传着这样一种传说：明朝初年，永昌府（今保山）的保山寺，赠送给大理鸡足山的一尊玉皇大帝金身，由永昌府迎到金牛村时，当管事僧人和脚夫去吃午饭回来，玉皇大帝的金身却不翼而飞。管事僧人急忙派人四处搜寻，竟然无影无踪。数日后，一位猎人发现玉皇大帝千斤之重的金身，端端正正地安坐于清凉山上的陡崖之上。当地村民以为玉帝爱上了这方山水，故自择其地，仙驾于此。大家便筹款大兴土木，修建了一座寺庙供奉玉帝金身，取名为玉皇阁。玉皇阁分

前后两院，后院建有一殿三阁；前院分别建有十师殿、山神庙、山王庙等；玉皇阁东面坡顶建有龙王庙、太上老君殿、玉峰塔、凉亭、观景台等建筑群。

　　玉皇阁之奇绝之处，在于四周皆系峰雄壑深的绝境，在石门关北崖之上的方寸之地，劈山凿崖而建，背靠陡壁，面临绝壑，依险耸立于风涛云浪之中，周围古木苍苍。清代诗人陈孝升赋诗赞叹玉皇阁：

大罗天上敞楼台，四面云山拥护来。
日月两丸空跳掷，星辰万点逼崔巍。
松涛远近和仙梵，石濑潺湲泻玉醅。
到此山教尘念断，不须灵药换凡胎。

　　玉皇阁背后的峭崖上，建有一座玉峰塔，此塔被誉为苍山西坡第一塔。塔西南数米开外，有一个窈窅幽奇的天然洞穴，俗称仙人洞。洞长约三十多米，洞的另外一端出口，位于石门关峡谷的绝壁间。因洞穴狭窄深长，出入不便，自古流传着"善人易通过，恶人难穿越"的说法，不少富有探险兴趣的游客，往往非要冒险一试为快。

普光寺

普光寺坐落于距县城三公里的平漾公路上方，是漾濞规模最宏大的一座寺院。

普光寺的历史，口碑资料大约可以追溯到北宋初年。按当地民间传说，当年，为了抗击"外寇"侵扰，奉宋王朝之命，杨家将率大军前来征讨，一举赶走了外敌，收复了失地。现在寺院所在的马厂（场）村之名，相传就因杨家

1
—
2

1. 玉皇阁
2. 普光寺

将在此牧马而得名。最初修建普光寺的目的，就是为了纪念杨家将众将军的。在漫长的风烟岁月里，由于战乱频仍，天灾人祸不断，普光寺曾经屡遭兵燹劫难，曾多次毁弃和重建，现在的寺庙梵宇，乃是20世纪70年代末以来，群众捐资在荒寂已久的一片废墟上陆续重建的。

　　普光寺主体建筑共有四院12个殿堂。从布局上看，整个寺院依山而建，错落有致。以山门为起点，由下到上的第一院左侧为"杨家将殿"，右侧为"十帅殿"——主要供奉爱国将士的神像；第二院为"诸天阁"——主要供奉地藏王菩萨、十王、三皇等佛像；第三院为"观音殿"——主要供奉"千手观音"、"送子观音"、"地母"等菩萨；第四院为"大雄宝殿"——主要供奉释迦牟尼、弥勒佛、玉皇大帝等大佛。此外，在寺院右侧的山岗上，还修筑有随着地势递增的三座小庙。小庙的神位上分别供奉着"山王土主"、"药王祖师"和"女娲娘娘"等神像。

普光寺

　　普光寺历来遵奉"三教同源，万法归宗"的宗教理念。从现在寺中供奉着的139尊各路神仙菩萨的神像上，不难充分领略普光寺特有的儒、释、道、回"诸教合一"及"多元文化兼容"的浓郁的地方特色。这里除基督教的神灵外，凡是民间尊崇和信仰的神灵，普光寺都无不应奉尽奉。漫步庄严肃穆、香烟缭绕的殿阁，可以看到释迦牟尼、玉皇大帝、先师孔子、太上老君、赵公元帅等儒、佛、道三教的神像济济一堂；还可以观赏到栩栩如生的杨家将众英雄的塑像，以及率领当地民众抗击外敌入侵的彝、汉、回将领的塑像。如所供奉的十大帅中，就有马元帅、康元帅、杜元帅三大穆斯林出身的抗击外族入侵的民族英雄。

　　最让人感兴趣的是，在高悬着"普光高照"的大雄宝殿中，释迦牟尼坐像左侧的燃灯古佛和达摩祖师的神像之间，供奉着一位慈眉善目的卧佛。关于此尊被称之为"西天睡佛奚化真人"卧佛的来历，当地民间有多种传说。其中一种传说是，卧佛本是唐代吐蕃王朝的一位被尊称为"神变之王"（即弃都松，又译弃弩悉弄，为松赞干布曾孙）的赞普，他在唐长安三年（703）率兵攻伐南诏，并于次年战死于漾濞石门关①。据说在新中国成立前，常见骑着高骡大马的藏族僧俗信众，不惜山遥水远从藏区前来向卧佛敬香朝觐。

普光寺历来香火旺盛。历史上，不仅当地远乡近寨的僧俗信众纷纷前来烧香拜佛，祈福禳灾；而且因寺地处素有"南方丝绸之路"之称的博南古道要冲上，古往今来，络绎不绝的过往商旅亦往往特意拐进寺院，虔诚祈求菩萨保佑他们四季清吉平安，岁岁财源茂盛。如今的普光寺，一年四季依然香客和观光者不断，尤其是每逢办会期间，普光寺更是人山人海，热闹非常。

白石寺

白石寺坐落于点苍山西坡鹤云峰下石钟村的最顶端，寺背后是叠翠的森林和崔嵬的云峰。白石寺虽是一个距县城近20公里、藏于深山腹地的山村野寺，却早在明朝嘉靖三十三年（1554）间，就有大理著名白族学者李元阳偕同赵雪屏等享誉一方的墨客骚人，远道专程来此寻幽访胜。李元阳还在此留下一首《游苍山背白石崖》诗：

点苍山势若游龙，踏破烟霞第几重。
十九峰连青欲滴，深藏一朵玉芙蓉。

当爬上石钟梁子时，便会远远望见山崖上葱郁的密林深处，似乎隐映着一座白色的院落，初次来的游人，一般都以为这就是白石寺呢。渐渐临近，才会看清此乃是一座高

注：
① （宋）司马光：《资治通鉴》卷241《唐纪》23。

白石寺在石巅密林里

20米、宽15米的银白色的石灰石岩崖，此即为李元阳游记中描述的"远望如白莲擎出翠微中"的"白石崖"。

当到达白石崖下，见崖壁凌空飞出的壁顶上，垂吊着一根六七十厘米粗的扁圆形的钟乳石，据测，此钟乳石长2.4米，距地面高2.3米，其形状宛若一个倒立的"凸"字，又似一口倒挂的钟。在钟乳石左上方的绝壁上，刻有"白石悬钟"四个大字，寺庙所在地"石钟"的地名即由此而来。民国时期，当地诗人田钟农曾有一首词吟咏"石钟"：

问钟铸何时？谁也不知，自有苍山悬挂斯。多少神钟难惊梦，只好装痴。

毫不费金资，檀越布施，自寻斗室自安之。历尽劫灰依旧样，寂静无祠。

其实这个钟乳石，倒更像一个男性的生殖器。周围村民至今仍沿袭着这样一种习俗：欲预测婚育是获龙还是得凤，就站在左上侧的高岩上，丢石头击钟乳石，据说击中就会生男，击不中则会生女。

在峭壁下观赏罢钟乳石，绕着崖沿攀登上崖顶，便见一座古老的寺院出现在眼前。由于浓荫绿树的重重遮蔽，人在山下时，无法一睹此寺院的真容，倒契合了"深山藏古寺"的意境。当走进青木树、赤松树、青冈栗树、鸡嗉子果树和映山红等林莽山花环绕簇拥着的寺院，一种清幽秀逸的气息扑面而来，令人心旷神怡，尘念尽除。

竹林寺

竹林寺坐落于县城东侧的山岗上。据地方文献记载，竹林寺始建于明朝万历年间，后经历代多次修葺，1958年被拆毁。现在的寺宇为1982年以来民间信众集资逐步修复。竹林寺名的来历，相传是由于寺院周围的山坡上，曾生长着成片的龙竹、慈竹、紫竹、香竹和金竹等，当地人称之为百竹园。竹林寺历史悠久，规模却不大，原来的古寺有一殿二阁，重新修建的竹林寺为前后两院，塑有释迦牟尼、千手观音、

中国名城·云南漾濞

赵公元帅等佛像和菩萨。滇缅公路修通之前，由于博南古道从寺前经过，过往商旅和文人墨客经常到寺内敬香礼佛、祈求清吉平安，或游玩小憩，从而留下了若干诗文。如清朝乾隆年间本邑贡生蒙朝贤就在此写下了一首题为《晚游竹林寺》的七律：

晚步招提兴转奢，幽篁深处霭轻霞。
楼殿上方宜夕照，林泉下界有人家。
江皋石齿支前度，岭表烟痕送暮鸦。
老衲莫催钟磬音，欲从竹树写黄华。

20世纪80年代初以来，竹林寺虽然得以重新修复，香火却比较冷落。近几年来，竹林寺声名鹊起，应该与"唐标铁柱"遗址的发现有关。根据黄志忠等学者考证，并得到林超民教授等云南学术界权威学者的一致认同，"唐标铁柱"的遗址就在漾濞竹林寺一带，很可能就在寺院内的古井之旁。

因"唐标铁柱"遗址的考证，使竹林寺拥有了一般寺院难以与之相提并论的人文积淀和历史光环，并让来此游玩的游客不禁平添了几分感怀古今的雅兴和幽情……

2

1

1. 竹林寺
2. 竹林寺大雄宝殿

中国名城·云南漾濞

中国民间
文化遗产
抢救工程
THE PROJECT TO CHINESE
FOLK CULTURAL HERITAGES

SOS

中国民间
文化遗产
抢救工程
THE PROJECT TO CHINESE
FOLK CULTURAL HERITAGES

SOS

漾濞为彝族居多的多民族聚居地区。1985 年，经国务院批准，成立漾濞彝族自治县。现境内居住有彝族、汉族、白族、回族、傈僳族、苗族、纳西族、藏族、满族、哈尼族、傣族等 16 个民族。各民族在这片土地上和谐共处，共同发展，民风淳朴，民俗多彩。

民族服饰

　　除了语言，传统民族服饰是各个民族之间区别的重要标志，而各个民族传统服饰的区别，又更多地体现在女性服饰上。

彝族服饰

　　彝族是漾濞境内居住历史悠久的土著民族，按其自称，分腊罗、聂苏、诺苏三个支系。

　　腊罗支系　腊罗支系是彝族三个支系中人口最多、也是县内最古老的土著民族，彝语自称"腊罗巴"，现主要居住在境内的顺濞、太平、龙潭、鸡街、瓦厂五个乡，其他乡

镇也间有居住。

　　"腊罗巴"支系的未婚女性的服装，由一顶带飘带的花帽、一件长摆上衣、一方绣花围腰、一条裤脚绣花的长裤及一双绣花鞋组成。

　　花帽以一整片绣满花朵的绣片圈成帽型，内衬薄的海绵垫或毛巾，以固定帽型。绣片的上沿钉一圈银泡，下沿从左耳至右耳的中间部分钉上漂亮的银坠，有的还在帽子的双耳部位分别钉上两个大的银坠，突出银饰的整体效果。帽圈的上沿钉有数朵用彩色细毛线扎成的泡花，泡花以软钢丝做支撑，一般为正中间三朵，两边各两朵或三朵。帽子后部绣片接口处钉上飘带，飘带长及后腰，末梢做成三角形，并各钉三朵彩色泡花。一顶漂亮的花帽，是一身漂亮衣裳的核心。

　　长摆上衣为斜襟，前摆短后摆长，衣领及衣襟处用丝带或缎带镶上"8"字或"回"型图案，且单独配上用一整

1.（左起）漾濞南片彝族、雀山彝族以及双涧、富恒一带彝族女性服饰
2.鸡街彝族未婚女性、儿童头饰

中国名城·云南漾濞

中
国
名
城
·
云
南
漾
濞

1
—
2

1. 南片彝族老人服饰
2. 双涧一带彝族妇女服饰

圈绣片做成的领圈，领圈外沿密密地镶上银坠。绣花围腰为梯形，底部及两侧均镶绣片，且在绣片上每一个图案的中心部位钉上银坠。腰带同样绣上花。长裤因露出部分少，只在近裤脚处镶几道缎带或丝带彩边。绣花鞋多为全绣，底为百衲千层底，带毛边的尤为漂亮。

腊罗巴未婚女性的整套服饰多以浅色为基调，以白、绿、浅蓝为主打，衣裤鞋帽上的绣花图案清新亮丽，银饰随步摇响，风姿美丽绰约。

已婚妇女的服饰构成与未婚女性的服饰大体相同，颜色多以灰、深蓝、黑为主打，中老年女性头上多戴黑色或蓝色头帕。

与女装相比，腊罗巴的传统男装则简单得多，一般为青布或黑布小包头，布扣对襟短上衣，外罩领褂，裤子为宽筒裤，色调以深青或黑色为主。

聂苏支系 聂苏又自称"尼苏"或"罗武"。该支彝族在县内主要聚居于富恒乡和漾江镇内原双涧乡，即县境西部和西北部地区，据考为明朝时期进入漾濞。

聂苏支系女性服饰多色彩艳丽，色调以浓烈的红色或绿色为主打，突出长衣外面领裓的装饰，帽子多为圆盘形，包头外面缠三至五圈银链或珍珠链。男性服饰与腊罗巴相似。

诺苏支系　诺苏支系彝族聚居于原双涧乡今漾江镇抱荷邻村雀山村民小组，仅三十余户百余人，先后于1969年和1974年由丽江迁入。初入漾时有百余户，后大部分回迁或另迁，定居下来的有陆、胡二姓，其祖先原在四川凉山，迁入丽江百年左右。

诺苏支系彝族服饰为凉山型，女性服饰缝工精细，色彩明丽，配件饰物多而精巧。男子缠包头，披披毡，显出粗犷豪放之气。

苗族服饰

　　漾濞境内苗族主要分布于龙潭乡白竹村，河西乡花椒园村小水塘村民小组，上街镇白羊村石打牛村民小组。据资料介绍，境内苗族于清末开始进入漾濞。

　　苗族女性的服饰，上穿满襟长裳，下穿镶裆裤或裙子，脚穿圆口绣花鞋。对襟衣裳前短后长，前短至胸，后长及腿，开襟处用扣针相扣。选料多为白布、花布、绸缎等，四尺左右可缝一件，衣袖上镶绣黑白、杂花、蓝花、黄花等七色花口，由袖口一直镶到肩部。长裳外面多穿领褂，领褂为花布或黑布缝制而成，上作相应装饰，里外双层，可翻穿。裙子为三褶，上部平，中、下部缝成褶皱，用料多为黑布，上绣各种花卉图案，中镶一方绸布，裙口系腰带，腰带长三米多，两端织有穗须。脚上除穿绣花鞋，苗族传统中还有绑腿裹脚习俗，以不露为美。一身服饰中最突出的是帽子，帽子为直径约二十厘米、高约十厘米的圆帽，以黑色为底，上饰五色彩辫、绣花飘带捻子、海贝、彩珠、彩穗、银铃，古朴庄重又绚丽多姿。

苗族男性服饰，多为白布衣裳黑领褂，褂子里外两色，外黑里蓝，对襟处缀三组布纽扣，每组两对。老年人喜缠黑布包头，包头约长一丈五尺。下装为镶裆裤，脚穿黑布鞋。服装整体质朴庄重，兼宜于户外劳作。

傈僳族服饰

县内傈僳族主要聚居于漾江镇金盏村三厂局村民小组，漾江镇荨麻箐村浩木库村民小组，龙潭乡富厂村新火山村民小组等地，县内其他各地间有散居。县内傈僳族有"汉傈"、"黑傈"、"白傈"、"花花傈"之分。

傈僳族服饰，女子打黑色棉布包头，穿满襟衣裳，衣裳多为白色或其他浅色布料，外穿斜襟领褂，下穿围裙。围裙用白、红、黑三色布条镶成，30~46块布条方能镶成一条裙子，整条裙子用布二丈左右，裙型腰小而脚宽。

男子多穿手工缝制的对襟衣或大襟衣裳，裤脚宽大且短，打黑色棉布包头，穿布鞋。

1 | 2
1.苗族少女服饰
2.三厂局傈僳族女性服饰

中国名城·云南漾濞

婚丧习俗

县内各民族的生活习俗各具特色，丰富多彩。各民族习俗的特点，更多地体现在婚、丧两俗的区别上。

婚俗

彝族婚俗 彝族传统婚俗有提亲、订亲、讨亲、认亲、回门几个环节。

提亲又称说亲，男女青年相爱后，由男方家请族中一位长辈做媒，带上礼物，上女方家提亲。女方若收下了礼物，则联姻有望。提亲后1~2个月内，女方若反悔，可退还礼物。若此时间内礼物未被退回，则提亲已成。而若是女方招婿，则由女方长辈到男方家提亲。

订亲俗称"定鸡酒"，选定吉日，由男青年本人、父亲、叔伯、媒人同去，携带肉、米、糖、烟、酒及大红公鸡1只、"奶母布"2丈6尺或3丈6尺及其他礼物前往女方家，女方家则备好数桌酒席，请来本门户族中的亲戚友人做订亲见证。订亲为进一步确认男女双方即将联姻的事实，订亲

1~2.彝族婚礼上的打歌

之后，男女双方就要对对方父母及亲戚长辈改口，双方父母互称亲家。订亲习俗如今多被省略。

讨亲即迎娶，又叫过门。迎娶之前，男方备钱、米、酒、肉等彩礼，送到女方家。女方根据彩礼钱的数目以及家庭经济状况，为女儿置备嫁妆。讨亲之日，男方讨亲队伍有新郎、陪郎、媒人及相应亲友等，人数（含新郎）须为单数，女方送亲人数（不含新娘）须为双数，俗谓"去单来双"。讨亲及送亲的亲友，已婚男女多要夫妻同往，成双成对，以求吉利。

讨亲次日上午，进行认亲礼。新娘拿出早已备好的认亲礼物，一一认过男家长辈及直系亲属。新娘准备的认亲礼一般多为一双鞋子，男方长辈收到礼物，要还以红包。

讨亲第三日，新婚夫妇回娘家称为回门。回门时不得在娘家过夜，必须当日返回到夫家。

回门之后，婚姻礼俗即为全部完成。

中国名城·云南漾濞

白族婚俗　漾濞境内白族以平坡镇、漾江镇、龙潭乡为多，其次为苍山西镇、顺濞乡，其余各乡间有居住。白族婚俗有择亲、订婚、成婚三个阶段。

择亲有请媒、相亲、合婚等礼仪。相亲即为提亲，与彝族之提亲大体相同。合婚俗称"压八字"，看男女双方之"八字"命相是否相合，能否相配。

订婚之礼亦与彝族大同小异。订婚之后的第一个节日，男方须将女方接到家中过节，女方则由母亲或姐妹陪同前往。

成婚之日，新郎在亲友、伴郎等陪同下前往女方家迎亲。到新娘家后，新娘闺床下有一盆火，新郎家须派两个得力小伙儿前往取火，取不着火，则不得接走新娘。接新娘出门，新娘身着红妆，胸佩圆镜，由伴娘为其打伞，新娘手拿包有一块红糖的新手巾，路上若有调皮小伙儿前来"冒犯"，新娘便可用以敲打"来犯者"。途中若遇别的迎亲队伍，则两个新娘互换手巾以示友好。新娘迎进家后，有新郎新娘抢洞房、喝交杯酒、向宾客敬酒以及男女伙伴闹洞房等习俗，与各兄弟民族大体相同。

傈僳族婚俗　除了与其他兄弟民族大体相同的"提亲"、"订亲"、"讨亲"三个阶段，傈僳族婚俗有讨亲之日不骑马

而皆步行的习俗；有入赘习俗，女子有继承家庭财产的权利；有"叫婚名"习俗，这一点尤其有别于其他民族。成婚日，当新郎、新娘拜堂后，媒人即给新人叫婚名，男的叫"夫×爸"，女的叫"夫×妈"，格式固定，媒人赠给中间的一个字。婚后皆称呼婚名，是对新婚夫妻的尊称，说明这对青年已经成家立业。待生儿育女后，婚名自然消失，改称"××爸"、"××妈"。"叫婚名"仪式庄重肃穆，媒人赐名时，屋后鸣枪两响，或放鞭炮两串。宴客热情丰盛，杀猪宰羊，办十个菜。夜间有打歌、对歌习俗。

苗族婚俗 苗族的婚俗，其完婚习俗与其他民族有别。双方媒人各两人，鸡两只，看鸡卦卜凶吉，四位媒人合卦，议定讨亲事宜。讨亲、送亲习俗与其他民族大体相同，有陪嫁牛的习俗。婚礼上的对歌以双方媒人对唱为主，在女方家时，以男方家的媒人为主，到男方家后，以女方家的媒人为主，所唱内容为"洪水滔天"、"傣曦传人"等"创世纪"古歌。

2

1

1.白族、彝族都有哭婚的习俗
2.傈僳族都以打歌这种方式庆祝婚礼

中
国
名
城
·
云
南
漾
濞

丧俗

彝族腊罗巴支系丧俗 彝族丧俗可谓纷繁复杂，各个支系的丧俗有同有异。彝族腊罗巴支系的丧俗整个过程主要包括送终、接气、放口合、出煞、落榻、守灵、赶后人、请帮忙、请"阿毕"、入殓、树白，以及正式开吊、发丧、守孝等诸多环节，每一环节中间又有诸多细节。

逝者"落榻"，是指逝者终逝之后，家人用土锅烧水，给逝者净身。土锅系上稻草绳，净身时用崭新白布一幅。父亲一般由儿子洗，母亲一般由女儿洗。洗净后剃发、穿衣、缠帕，若逝者年轻，父母尚在，则缠白帕。然后，儿子背对着背背起逝者，缓缓向门迈出三步，此时，其他人在床上铺上干净的草垫草席，再铺上全新的蓝布被单（切忌不可用毡类以及毛线衣物一类），将逝者放于床上，脸上盖黑布一块，称"盖脸布"，枕边点香油灯一盏，昼夜不灭。其间，一定要把家中所养的猫拴住，以防其进入停放逝者的房内。传说，猫若从逝者身上跳过，死人就会慢慢立起，径直前行，直到去路被挡住才站住。

"阿毕"，也称"毕摩"，是彝族丧葬活动中的主持人。据专家学者考证，"毕摩"源于父系氏族公社时期的祭司，其发展大致有三个阶段：唐宋以前可称为第一阶段，在这一阶段，毕摩为执政的酋长；此后至明末清初可称为第二阶段，这一阶段的毕摩，作为酋长的智囊，辅佐政务；第三阶段为清初改土归流以后，毕摩淡出政界而成为专司宗教职责的人。在彝族的各种宗教活动中，毕摩起着人与各种神灵包括亡人灵魂交际的使者的作用。在敬神、祭祀活动中，毕摩代表仪式的举办者，向各种神灵祷祝、祈告；在丧葬活动中，毕摩代表家属为亡灵指路、超度等。毕摩常用的法器有铜铃、鼓、镲、剑或刀等，有时根据需要临时制作一些诸如桃弓、柳箭等物。毕摩请到后，报以死者生辰八字、大限时日，毕摩就按天干地支"阴阳五行"相克相生的说法，算出开吊、发丧、下葬、回煞等日期和具体时间。毕摩到后，死者入殓，丧葬活动开始。

彝族的"哭调子"贯穿了丧事的整个过程，从逝者落榻之后，一直到下葬结束。哭调子只由女性进行，一般由逝者的晚辈女性来哭，偶也有同辈女性，因与逝者情谊深厚，故以哭表达哀悼。若逝者年轻，长辈女性则行哭骂，骂其不孝。为逝者所哭调子有"落榻调"、"放睡调"、"天亮调"、"隔娘调"、"报恩调"、"上祭调"、"发丧调"、"路祭调"，若坟茔是新辟之地，不与祖坟同在，还要哭"新地调"。各调内容顾名思义，有的有固定的调子，有的为即兴发挥，有的也可在哭完固定内容之后外加即兴发挥。不同的调子配合丧礼的各个仪程，由逝者之女儿、儿媳、侄女、侄媳等在灵前及举行丧仪的相应地方哭诉。哭调之中，不哭只叙，或只叙不哭，都被认为是不孝顺的表现，一定要如泣如诉、声情并茂，方能受到人们的赞扬。所哭调子的内容，归纳起来就是缅怀父母长辈养育之恩，陈说儿孙未尽孝道之遗恨，祈祷父母之灵安息九泉等。哭调一般有不劝不起之俗，以此表示对逝者之哀思，为此，哭调者哭调的时候，一般身旁要有相应女性亲朋，一来做陪伴，二来适时劝起哭调者。由此哭调子习俗而起，彝族女性一般在成年后就要开始学习哭调子，尤其是丧仪过程中需要由固定角色所哭的固定调子。女子若在此场合哭不了调子、"上不了台面"，便要遭人见笑。

发丧以午两时左右最为普遍。途中有"秉棺"一节，又称"过关"。"秉棺"共三次，顺秉两次，倒秉一次。顺秉时，孝子一条线面向前方跪于路心，棺木由头上抬过，如此两次；倒秉时则孝子向相反方向跪于路心，棺木仍由头上抬过，过完时，抬棺者齐呼："孝子留后，孝子留后。"

逝者下葬后，孝子戴孝最少21天，最多3个月。其间不入别家庭院，不到办喜事处做客。重孝之年不起房盖屋，不讨亲嫁娶。

彝族诺苏支系丧俗 诺苏支系至今保留火葬习俗。老人以及正常亡故者，将其尸首停放在木板上，以羊肝等物祭献死者，然后，请毕摩为死者开路念经，并由毕摩测算焚尸时间。焚尸地点多选择在山头或森林附近，由亲朋数人负责，女婿须亲临，子女则不能参加。焚烧时，先架一堆松柴，然后将尸连同停尸板一起置于柴堆顶上，尸体在板上必须侧卧，女子面向北，男子面向东。焚尸时，取带根竹一丛，在火堆上空烟雾中绕三圈，后取此竹根一小节挂

漾濞彝族、白族都有"扎白"、哭丧等习俗

于家中，作为灵位，逢年过节祭献。骨灰用白布口袋盛放，布袋不扎口，放置于高山岩洞中。

苗族丧俗 苗族实行棺木土葬。整个丧葬活动由"自庚"主持。"自庚"，苗语，意为掌坛师。开路先生背砍刀一把，挂弩一张，插箭两支，倒穿鞋坐于灵前，念"开路经"。念毕，"自庚"鼓手吹笙、擂鼓，笙主阴，鼓主阳，阴阳交错，生死不息。孝子痛哭一场（哭调子），吹奏"断气调"、"装棺调"，方入殓。杀牲时，"自庚"半跪，吹"教煞扎调"，立吹时为奏"哀调"，跪吹时为诵"经文"。

回族丧俗 漾濞境内回族主要聚居于苍山西镇的上街、下街、密场，此外，平坡镇、漾江镇、太平乡等地间有居住。回族行无棺木土葬，推行速葬、薄葬。一般是早晨"归真"（即死亡）下午就入葬，下午或晚上"归真"次日早上入葬，特殊情况停尸最多不超过3天。回族墓穴不同于一般棺木葬墓穴，有两种形式，其一是先挖一个宽3尺、长6尺、深2尺的坑，然后沿坑底向下挖一个深3.2尺、宽2.4尺、长5.4尺的长方坑，称"坟堂后座"，又叫"天井"或"窑窝"。另一种称"燕子窝式"，先开1米深的坑，在坑底向北掘进6尺深、3尺宽、5.4尺长，也有"窑窝"。掘好的墓穴为南北向，尸体在内应头北足南面西放置。一般老人在生前即已掘好墓穴，只有年轻或意外的死亡者才即时现掘。

整个丧葬过程都由阿訇主持，并念诵经文。出殡之前，尸体要先洗净，并用白布裹好。出殡用"经匣"（长方形的木箱，专做公共送殡用）盛放尸体。葬后7日内为"分忧"时间，由亲友到死者家里劝慰死者家属、伴宿并帮助做事游早坟3天等。亡者逝世后的第40天举行酬客，家属设宴酬谢丧礼中出过力、送过礼的亲友。

节日

漾濞的各种传统节日，有各民族同过的，如春节、清明节、端午节、火把节、七月半节、中秋节，也有各民族特有的，如彝族的二月八节，彝族诺苏支系的娃娃节，回族的圣纪节、开斋节、古尔邦节。相同的节日，在境内不同地区的隆重程度稍有差异。

春节 春节为一年中最隆重的节日，又称过年。彝族的过年习俗为腊月廿四到廿六日扫房子，进行房舍家物的清洁扫除。除夕这天贴对联，在院心里栽"天地树"。"天地树"为松树，要将其修剪出漂亮的树型，上面挂上彩色米花球。家中若有亲人亡故，三年内不栽松树，而是插一段一人高的新竹竿，顶上插一枝松枝。正月初一清晨"抢新水"，吃汤圆，事先邀请男童于清晨来"踩门"，并送炮仗，男童来"踩门"时，放三五声炮仗，以示仪式。俗称，男童来"踩门"，可带来一年的吉祥与好运。主人将男童迎进屋，请吃汤圆，再次赠炮仗，并给适当年岁钱。正月初二，出嫁女儿回娘家。整个春节期间，各地多有庙会及各种娱乐活动，人们互相拜年，赶庙会。直至正月十五日晚饭后，将"天地树"送出门，年才过完。

火把节 火把节是漾濞彝族自治县的盛大节日，时间在

中
国
名
城
·
云
南
·
漾
濞

春节漾濞各民族都有买春联贴春联的习俗

每年的农历六月廿四日或廿五日。关于火把节的来历，漾濞彝族民间有多种传说，其中流传最广的传说是：在遥远的古代，彝家人的先民们受到了一个名叫"阿苏责"的部落的攻击。有一天晚上，彝家先民的首领带领的一支队伍在一座山上扎营过夜，被"阿苏责"部落的军队围困住了。面对强敌，首领处变不惊，想出了退敌之策。他令部下在山顶烧起熊熊篝火，所有人手持火把，牵着战马，顺着山包围着篝火不停地转圈子，边转边舞刀耍火把，同时高声歌唱，不时同声高呼："阿苏责，你瞧着。"山下的"阿苏责"围兵看到山头火光冲天，打着火把的兵马过了一队又一队，本以为应是胆战心惊的敌方竟是又唱又跳，一时弄不清虚实，又怕援兵赶到遭夹击，只好连夜退兵。彝家首领即令部下趁对方退却之机发起攻击，此时，闻讯赶来的援兵也恰好赶到，"阿苏责"的部队被一举击败。这一天恰好是农历六月廿四日。战争结束后，彝家首领为纪念此次脱险得胜，便把这一天定为节日，并命名为火把节，每年的这一天，都要按当时退敌之法，燃篝火，舞刀，耍火把，围火绕圈歌唱呼喊。这一活动成为彝族打歌之发端，而"阿苏责，你瞧着"则成为彝族打歌调中不变的衬词。现今漾濞的火把节活动，多在六月廿五日举行，廿五日晚上，县城的核桃文化广场上竖起高大的火把，万人围火欢歌，夜深方散。腊罗巴则有火把节接出嫁女儿回娘家的习俗，庄重程度几同于年初二女儿回娘家，足见火把节在民间节日中之重视程度。

二月八节 农历二月初八日为"二月八节"，彝语称"阿玉别节"。漾濞彝族民间的"二月八节"与白族的"阿姎白"有相同之处，一说是女性的节日。"阿玉别"为木刻裸身女神，一般被安放在一片长方形的竹编之上，挂在堂屋墙角高处

光线较暗的地方,民间传说是因为"阿玉别"害羞,故而如此。"阿玉别节"时,人们要采一种山间特有的红叶,用线或细草茎缝缀成裙,戴在"阿玉别"身上,只露出"阿玉别"的头。此叶裙若非意外而掉下来,便要一直戴到下一年"阿玉别节"再缝新裙时方取下。

诺苏娃娃节 娃娃节为漾濞彝族诺苏支系独有的节日,时间在农历三月初三日。在此节日,全寨彝胞将孩童集中到一家,各家凑米、肉等伙食"打拼伙"。饭后,到各家向老人问安,尔后踏青游春。

苗族"牛王会" 农历十月初一的早晨,苗家人要备精饲料一盆喂牛,用糯米饭、包谷面糅成粑粑包于牛角上,

中国名城·云南漾濞

一年一度火把节

表示对辛苦了一年的牛的慰劳。杀鸡一只，备"刀头"（即方形肥猪肉一块）供奉于畜厩门旁，俗称"献门神"，以期一年到头平安无灾、六畜兴旺。

清明扫墓祭祖。端午吃粽子，插艾草，手缠五色线。七月半节烧包。中秋煮新鲜核桃、板栗、苞谷、毛豆，吃月饼，赏月。冬至节吃糍粑。当中细节，各民族有同有异。

回族节日多源于伊斯兰教教义，既是宗教节日，也是民族节日。主要有圣纪节、开斋节、古尔邦节等。

圣纪节 圣纪节是纪念伊斯兰教先知穆罕默德诞辰与忌辰的节日，时间在伊斯兰教历三月十二日，该节是回民最隆重的节日之一，一般在清真寺中举行各种活动。主要活动

内容有：由阿訇诵读《古兰经》、赞圣，讲述穆罕默德生平业绩，懿德、聚餐等。

开斋节　开斋节是《古兰经》规定的重大节日之一，时间在伊斯兰教历十月一日。教历九月为斋月，全月封斋，封斋第二十九天傍晚见新月，次日即为开斋节。开斋节这天的节日活动主要有礼拜、诵经、游坟等。节日期间，家家都要炸油香、备办精美食品、清扫庭院。亲族间互相走访、祝贺斋拜或聚餐。

古尔邦节　古尔邦节是《古兰经》中规定的另一大节日，时间在伊斯兰教历十二月十日，又称"宰牲节"或"忠孝节"。这一天一早起床洗漱后即封斋，然后，男人们到清真寺举行会礼。会礼后，有能力的人家都要宰牲聚餐，所宰杀的牲畜必须是肢体健全、光滑肥壮的牛或者羊，牲肉一般分成三份，一份用来济贫，一份馈赠亲友，一份自食。也可以全牲烹饪后宴客诵经。所有大小骨头须集中深埋。

1 | 2

1. 火把树
2. 春节彝族人家都在院里种"天地树"

中国名城·云南漾濞

中国民间
文化遗产
抢救工程
THE PROJECT TO CHINESE
FOLK CULTURAL HERITAGES

SOS

历史名人与漾濞

中国民间
文化遗产
抢救工程
THE PROJECT TO CHINESE
FOLK CULTURAL HERITAGES
SOS

诸葛亮与漾濞

根据有关典籍记载、民间传说以及口碑资料，最早与漾濞这方山水发生联系，并对漾濞历史文化产生深远影响的历史人物是大名鼎鼎的诸葛亮。

蜀建兴三年（225）春夏之交，为平息南中"大姓"和"夷帅"的反叛，诸葛亮亲自统率大军，渡过泸水（即现在的金沙江），进入当时被内地人视为"不毛之地，瘴疫之乡"的云南境内作战。在漾濞，与诸葛亮有关的名胜古迹和口碑资料极多，如太平乡小尖山附近，历史上就有一块刻有

古道从中穿过的山间坝子

"汉营铺"三个字的青石碑（现已毁），传说当年诸葛亮曾在此地安营扎寨。而原为博南古道驿站的"太平铺"地名的来历，相传也缘于诸葛亮。据说在诸葛亮收服了以孟获为首的南中地方势力，将要班师凯旋之际，这位"汉丞相"对饱受战乱之苦的当地父老乡亲说："如今夷汉一家，天下太平，百姓可以过自己的安生日子了。"据此留下"太平"之名。

漾濞山野间有一种分布很广的叫"救军粮"的野果（有

中 国 名 城 · 云 南 漾 濞

古道遗迹

的地方也称为地高粱)，传说其得名也与诸葛亮南征有关。当年诸葛亮率领大军跋涉万水千山来到这人烟稀少、虎啸猿啼的崇山峻岭行军作战的时候，曾遭遇到极其严重的粮草断尽的威胁。就在将士们濒临绝望之际，他们发现山野间成片成片地生长着一种一两尺高的树，上面结满成团成串的野果，可以食用。于是大军就靠采食这种豌豆粒大小的紫红色野果充饥，渡过了难关。后来，人们便给这种野果取名"救军粮"。

与诸葛亮有关的民间传说中，最著名的有两个。

一个是"火烧藤甲兵"之地和"七擒孟获"之地的传说。当地民间世代相传，火烧藤甲兵的古战场，就在今天平坡至下关天生桥的西洱河峡谷一带。从山川地理上看，这里山高谷深，地势险要，一条狭长的古道顺西洱河谷的陡坡蜿蜒，峡谷两头，东有"一夫当关、万夫莫开"的下关天生桥险阻，西有漾濞合江的险滩激流，是典型的口袋状地形。加上这里古代森林茂密，百草丰茂，自然是进行"关门火烧"伏击战的理想场所。当孟获请来的乌戈国英勇善战的藤甲兵中计进入此埋伏圈时，被诸葛亮军队用"火攻"大破。

而关于七擒孟获中最后一次擒孟获的地点，据不同的民间传说，则大概有两处。一处在位于县城西北的皇庄坡（又名卧龙岗）脚的十九街，一处在位于平坡石坪村下面的漾濞江与西洱河交汇处的河谷地带。前者，当地曾于清朝年间在与县城隔江相望的飞凤山之麓"立祠报功，春秋祭祀"，《永昌府文征》杂记志卷五十九"古迹"载："武侯祠，在（永平）县东，漾濞（云龙）桥西，乾隆十三年（1748）知县葛存庄新建。"这个知县葛存庄为永平父母官，当时漾濞以如今穿城而过的雪山河为界，东属蒙化直隶厅（今巍山），西属永平。后来武侯祠被改为化平书院,供两县的孩子读书，至今遗迹犹存。而后者则除了当地文人学者将平坡至下关天生桥一段古道命名为"天威迳"，以纪念孟获在这里第七次被擒后，向诸葛亮表示"丞相天威，南人不复反矣"外，在平坡石坪村还尊奉孟获为"本主大王"，并建有本主庙供奉其神像，岁时祭祀这位终于被诸葛亮"精诚所至，金石为开"的诚意感化的"夷帅"祖先。

在云南的许多重要历史典籍中，如明诸葛元声著的《滇史》，清朝康熙、乾隆年间倪蜕著的《滇云历年传》等被誉为研究云南地方史的必读书籍里，都明确记载了诸葛亮为了抄后路"奇袭"退守"佛光寨"的孟获，他的大军在漾濞北面——漾濞江上游，遭遇"哑泉"的传奇经历。如诸葛元声著的《滇史》卷之三载有这么一条史料："获再纵后，遂退保佛光寨，阻险坚壁，蜀兵不得入。武侯乃率师由漾濞川而北，日中渡水，忽一军皆喑。盖渡此即潜至佛光寨后也，获恃有毒泉，谓蜀兵必不能入。武侯询之土人，因祝祷于伏波庙，遇老叟指示勿饮暗泉，仍示以苗药解毒，喑者始愈；已而进兵，获惊以为神，遂又擒获。"

另一个是教土人使用"牛耕"的传说。传说中诸葛亮教土人使用牛耕的事，发生地在今天漾濞太平乡太平村的打牛坪自然村。关于打牛坪的来历，据《永昌府志》记载："打牛坪，相传武侯南征，值立春日，鞭牛于此。"也就是说，当年诸葛亮统领大军经过这里，正值春耕大忙时节，他见当地人刀耕火种甚是辛苦，便"命士兵教民鞭牛以代刀耕"。

在许多古代文献中——包括在明代杨慎的《滇程记》和清代王昶的《滇行日录》等著作里，都记录了有关"武侯鞭牛以示夷"的民间传说。如明代徐霞客就在其《滇游日记之八》里记述道："又西十里，有村倚北山坡峡间，庐舍最盛，是为打牛坪，相传诸葛丞相过此，打牛以示民者也。"而以此为题材的历代过往墨客骚人所留下的诗文题咏更是数不胜数，如清末漾濞岁贡田坤在打牛坪作题为《打牛坪怀古》之诗云：

燮理阳阴妙，秋成重首春。
行军奇制胜，料敌算如神。
布化明农事，尊王识老臣。
汉营荒草地，牢记打牛人。

该诗紧扣一个"怀"字,通过对这位三国时期"鞠躬尽瘁、死而后已"的汉丞相生平丰功伟绩的历历凭吊,不仅深切抒发了作者绵绵的思古幽情,更集中反映了当地人对诸葛亮的高度评价和无限追思。

诸葛亮对于漾濞,推而广之包括云南,是一个非常特殊有趣的历史文化现象。他在云南仅仅数个月的活动,竟对这方土地产生了除玉皇大帝、观音菩萨、释迦牟尼等佛道神灵外,任何历史人物都望尘莫及的深远影响。如云南各地都有与诸葛亮相关的孔明山、诸葛寨等;还有的说,傣族的干栏式竹楼,就是诸葛亮根据他的帽子设计的,哈尼族爱尼人的短裙,也是诸葛亮根据他的扇子设计的,等等。经过深入考察研究,我们发现,诸葛亮,也就是民间常称的诸葛孔明,在漾濞、在云南之所以产生如此广泛深远的影响,与其说是由于诸葛亮本人的丰功伟绩和巨大的人格魅力所致,还不如说他是一个符号、一种象征更符合历史实际。也就是说,在云南边疆各族人民集体历史记忆里和民间传说中的此诸葛孔明,已不完全是,甚至根本不是差不多一千八百年前的那个"出师未捷身先死,长使英雄泪满襟"的作为真实的历史人物的彼诸葛亮了。在云南边疆各族人民心中的此诸葛孔明,实质上已演变为祖国内地灿烂文化、先进文明和社会政治理想的化身。从三国两晋开始的千百年来,包括漾濞在内的云南各族人民爱戴诸葛孔明,崇敬诸葛孔明,将诸葛孔明当神供奉祭祀,向诸葛孔明祈求国泰民安,祷告风调雨顺,六畜兴旺,岁月丰登,其骨子里所反映的是边疆地区人民对祖国内地文化文明、价值标准、道德观念和政治理想的深切认同、仰慕、学习、接纳和向往;对"和则互利,战则俱伤"的各民族和睦相处的憧憬和追求。

杨升庵与漾濞

杨升庵是来自祖国内地的对漾濞历史文化产生较大影响的著名人物之一。"杨状元"的鼎鼎大名和许多逸闻趣事，在漾濞的乡村和市井曾广泛流传，妇孺皆知。

杨升庵（1488~1559），字用修，号升庵，四川新都人。明正德六年（1511）殿试第一。明嘉靖三年（1524），因"议大礼"事件触怒嘉靖皇帝，被贬谪于云南永昌卫（今保山），终身不赦，最后病逝于永昌卫戍所。

地处博南古道要冲的漾濞，是杨升庵前往流放地永昌卫的必经之地。不难想见，在流寓云南的长达35年的岁月里，杨升庵曾无数次往返于这条逶迤于滇西崇山峻岭间的苍茫古驿道，并停歇住宿于漾濞境内的驿站客店里，以及流连于漾濞的明山秀水间。作为一位旷世才子和著述等身的文章大家，杨升庵对漾濞这方美丽神奇的山水，定当多有吟咏和记录，只可惜时过境迁，大都已经无存。今天，我们所能见到的杨状元在漾濞留下的人文遗产，除了其在《滇程记》中关于漾濞古道上驿亭铺站、山川风物的详尽考察记录和两首著名的诗作外，还有若干民间传说。

《滇程记》里，杨升庵在详细记录了漾濞境内的古道驿站的同时，还以其优美的文笔生动记录了沿途的山川风物。比如他描绘"横岭"（今河西秀岭）："其高侵云，缘箐以升，树多松，花多杜鹃（土人名映山红），鸟多鹦鹉，群飞蔽林，若朔方鸦然。"多么令人神往的幽美而壮观的景致，更透着一种令人怦然心动的古朴苍莽的原生态气息。而《滇程记》中关于"又西为云龙桥"的记述，则是至今有文字可证的关于漾濞云龙桥这一云南省级文物保护单位的最早记载。

杨升庵留下的关于漾濞的两首诗，第一首《咏金牛》诗：

怪石生来恰似牛，不知经历几千秋。

金牛村旁漾濞江上的阿尼么木栈桥

风吹遍体无毛动，雨洒周身似汗流。

细草平铺难下口，金鞭任打弗回头。

牧童吹笛枉入耳，天地为栏夜不收。

诗中吟咏的"金牛"，即位于距漾濞县城东十公里的"天开石门"前——漾濞江边金牛村的"有首无身，头大如斗"的石牛。有言杨升庵乃借诗言志，以"天地为栏夜不收"的"金牛"自况，表达自己安于偏远江湖，不受朝廷约束，自由自在的旷达高迈的生活。

第二首则见诸于明代诸葛元声所撰的《滇史》卷之十二，系杨升庵所作的著名《滇海十二曲》中的一首，其诗曰：

碧鸡金马古梁州，铜柱铁桥天际头。

漾濞河上的索桥

试问平滇功第一，逢人惟说颍川侯。

此诗对漾濞的历史意义和特殊价值是，诗中明确指明了"铜柱铁桥"所在的地理方位，并不是有关史籍张冠李戴误载的"滇池"之域，而是在远离"金马碧鸡"所在地昆明的"天际头"，并清楚地表明了"铜柱"乃是与"铁桥"共同存在于一个地方的历史事实。这成为了学者考证唐标铁柱在漾濞的一个重要线索。

关于杨升庵在漾濞的民间传说，主要有《状元公踩栗子园券桥》、《大堡子白鹤井的来历》等。这些充满了奇异色彩的民间传说，充分表达了当地人对这位"落难状元"的崇敬之心，景仰之情，以及爱戴缅怀之意。

林则徐与漾濞

在公元 1840 年的第一次鸦片战争中领导"虎门销烟"和抗击英军进犯的民族英雄林则徐，也与漾濞有过一段值得珍视的情缘。至今，当地父老乡亲茶余饭后仍然会津津乐道林大人在漾濞的一些逸闻趣事。

林则徐（1785~1850），字少穆，谥号文忠。嘉庆十六年（1811）进士，历任"钦差大臣"和"封疆大吏"等要职，一生以"苟利国家生死矣，岂因祸福避趋之"自许，是清代不可多得的铮铮名臣。

林则徐对漾濞的重要影响，最值得一提的就是他乃是第一个提议漾濞独立"设县"的人。漾濞虽然被人称道为"自汉永昌设郡，驿道先通，开化不后邻邑"之地，但是由于漾濞江东西皆是重峦叠嶂、连绵不断的崇山峻岭，从这里经过的达官显贵和商贾名流，只是沿着逶迤于山峦河谷之间的驿道行走，没有遍游其全境，所以只视这里为穷山僻地。

漾濞江上的平坡大桥，为 320 国道从大理前往保山（旧时永昌郡）的必经之路

因而直至沿袭两千多年的封建帝制灭亡之前，漾濞都没有能够单独"设县"来治理本土区域，而是分属于蒙化直隶厅和永平县管辖。道光二十八年（1848），时任云贵总督的林则徐赴永昌（今保山）处理回汉民族纠葛，途经漾濞歇宿，当地的乡绅贤达前去拜见，林则徐即明确地对他们说："漾濞宜设县治。"这是历史上第一次提出的在漾濞设立"县治"的主张，可惜当时本地这些向来"习儒务静"的乡绅贤达，不但不敢踊跃响应这一对本土而言可谓是"功在当代，利在千秋"的建议，反而竟以"多事不如省事"为由，婉言谢绝了这一颇具远见卓识的意见。

林则徐对漾濞的影响，还体现在他对漾濞战略地位的重视。作为一位深谙战略战术且颇具带兵打仗实践经验的名将，林则徐通过对漾濞地理位置和山川形胜的实地勘察，

当年，云贵总督林则徐途经云龙桥小憩

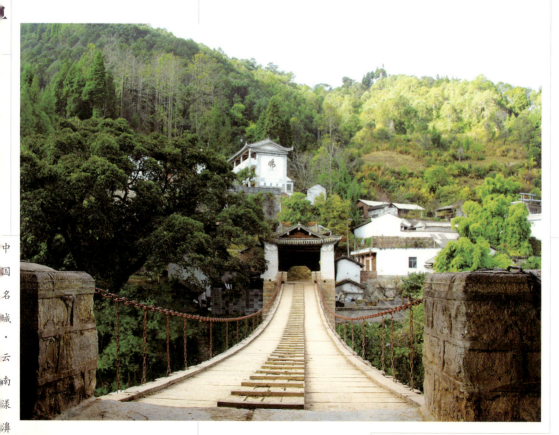

充分意识到漾濞战略地位的重要性。为此他在上奏朝廷的《迤西移改协营添设汛兵》的折子中，特意针对漾濞当时的布防状况，作了一番深入的剖析："又漾濞虽在蒙化厅界内，而距厅城约二百里，其汛地本系永昌右营所辖，但向来仅以额外外委，带三十二名驻劄相近之柏木铺，而于漾濞上下两街烟户极多之处虽有巡检分驻，并无武弁专防，殊不足以资巡缉。"鉴此，他建议增加漾濞驻防的兵马，以加强当地的军事力量。并提出一个具体方案："今拟移拨永昌千总一弁，添募兵八十名，令其管带驻守，其柏木铺原驻兵弁即作为漾濞汛协防，统归右营守备管辖。"联系后来杜文秀起义期间红旗军与白旗军以及辛亥革命期间腾越义军与大理陆军在漾濞、平坡、合江、太平一线激烈的军事对峙和反复争夺，不能不叹服林则徐慧眼独具的卓越军事眼光。

此外，林则徐在漾濞的遗迹，还留下了这样一则落款为"钦命江苏巡抚翰林院编修闽中通家弟林则徐少穆氏拜题"的赠其换帖结拜兄弟、漾濞脉地嘉庆巳卯科（1819）赵义的对联："珠树同巢千岁鹤，瑶池并茁五云芝"（现县文化馆存有对联拓片）。当地民间传说中更留下了一段与秀岭大觉寺的一位姚姓老和尚即兴对对联的佳话。传说，林则徐在永昌处理毕回汉民族纠纷返回省城的途中，路经漾濞境内的秀岭大觉寺时，适值风起云涌，山雨骤至，遂欲进寺避雨。寺中一位姓姚的老和尚出门迎接，当双方互通姓名后，林则徐略微环视了一下周围的景致，便信口吟诵道："风吹寺庙摇（姚）和尚。"姚和尚见林则徐头顶斗篷，身披簑衣，当即不假思索地出口对答："雨打簑衣淋（林）大人。"对罢，双方相视哈哈大笑。

李根源与漾濞

与漾濞有关的历史人物，李根源不能不提。其不但与漾濞有较深的渊源关系，而且对漾濞的历史发展和文化保护方面作出过特殊的贡献。

李根源（1879~1965），字印泉，号曲石，别署高黎贡山人，生于云南腾冲，近代名士，国民党元老。

李根源对漾濞的突出贡献，首先是积极倡导并一手促成漾濞"设县"。"设县"前，漾濞分属蒙化、永平和云龙等县。1911 年 10 月 10 日，武昌起义打响了辛亥革命第一枪，全国各地纷纷起来响应。10 月 27 日，云南滇西爆发了腾越起义，并成立了滇西军都督府，推举张文光为都督。随即，张文光决定推动全滇革命事业，分兵三路，扩大革命战果。其中陈云龙率领的一路，沿着博南古道，向大理方向进军。10 月 30 日抵达永平时，云南昆明爆发了"重九"起义，成立了以蔡锷为首的"云南军都督府"（云南军政府）。大理新军响应昆明的行动，宣布反正。这样，在云南省内就出现了两个军政府并存的局面。云南军政府蔡锷、李根源发布通电，要求滇西军政府不要继续进军大理。大理派代表周霞、马骥到合江会见陈云龙，请求他们的部队不要继续前进，或派代表赴大理谈判。但陈云龙的部队已攻占大理以南的蒙化（今巍山）等地，根本不打算止步。大理便派兵到合江，阻止其部队。大理军与腾越军相遇于合江、漾濞之间，双方激战三日，腾越军吃了败战，才把部队撤退到太平铺一带。

为"调停处理"大理军与腾越军在漾濞合江、平坡一带的军事冲突，蔡锷命李根源兼任迤西国民军总司令，全权处理滇西事宜。李根源驻军大理时，与他素有交情的漾濞缙绅田钟农前去晋见。他对田钟农说："逢此时机，漾濞可设县矣！"实际上，早在一年前，李根源在奉命勘测绘制

漾濞江上的脉地大桥旧址

中国名城·云南漾濞

《滇西兵要界务图》时，就意识到漾濞"是地距蒙化、永平、云龙均远在百里以外，似应专设一县治理之"。他此时的提议可谓是胸有成竹的。因而，当田钟农觉得事关重大，不免有所犹豫时，他便开导说："古今异势，昔庶政出自朝廷，今国事决于民意。世界竞争之时，习于苟安，必沦于劣败。漾濞，吾知有其地，有其民矣！临机不决，自弃也！"田钟农方才打消疑虑，马上联合施士英、田城、王庄等漾濞士绅呈文恳请军政府批准设立漾濞县。

李根源接到呈文后迅速电呈蔡锷都督说："查弥渡、漾濞，壤地距离，不便治理，议请划并改设县治。"并在电文中着重阐述了在漾濞"设县治"的理由和具体方案："漾濞本蒙化（今巍山）分防地，在蒙化西北二百余里，中隔赵州西界一段，地当冲要，任重权微，无以出治。由漾濞至永平县，计程三站，为迤西冲衢；饷犯过境，押解尤艰。

其地绅民请改设县官，俾一切词讼易于赴诉。吁请已屡，惟境地无多。拟定上自漾濞江起，下至合江四十里桥与赵州分界，再顺江直下至盘龙寺山，与顺宁分界，并划永平县属之太平铺等以益之，由胜备桥分界，再由桥河溯流而上，有云龙、浪穹两属插花地，一并附入，复折至漾濞江上流止，东西相距百五六十里，南北相距三百余里，改漾濞巡检为漾濞县，设知县一员，公费视简缺知县支给，仍隶蒙化，以便维制。"

　　呈文获省府批准后，李根源又亲自主持派人划定漾濞县行政区域的四至边界，并"拨给提标田租谷二百四十石；丁槐叛产田租谷一百八十石；胡桃油租壹仟八百斤，房屋一百号，以作一切建设常年经费"。同时委派保山行营参议贵阳人杜澍为新设立的漾濞县第一任县知事，中华民国元年（1912）六月，漾濞县正式设立，揭开了漾濞历史新的一页。

李根源对漾濞的第二个重大贡献，在于保护漾濞的文献资料方面。20世纪40年代初，李根源与周钟岳等著名学者主持编纂了一部《永昌府文征》。这是一部具有重大史料价值和研究价值的地方民族历史文化名典，被誉为"云南历史文化的大百科全书"，此部凝聚着李根源等云南文史界前辈学者心血的"皇皇巨著"，之所以能够汇录了当时漾濞能够搜集到的关于本土的几乎所有诗文碑刻，就是由于李根源利用自己的声望和与漾濞缙绅的交情，促使受其重托的田钟农等漾濞地方士绅，不遗余力地广泛搜集、辑录本土的文献资料，并多方进行田野调查和访问。而这些文献资料也正因为有幸汇编进了此部典籍才得以完整地保存下来。若非如此，漾濞的不少珍贵文献早就灰飞烟灭、渺不可寻了。一个显而易见的证据就是人们目前所见到的漾濞在中华人民共和国建立之前的文献资料，绝大部分都是20世纪80年代初又从该部书中重新辑录出来的。由此便不难窥见李根源在保护漾濞地方历史文化方面所发挥的至关重要的作用和立下的汗马功劳。

此外，由于李根源老家在保山腾冲县，他从青少年时代起直到耄耋之年的多次往返于故乡腾冲和云南省府昆明两地的途中，漾濞县城都是其必经之地和最佳歇宿的地方。李根源在漾濞县城，不只与以田氏为首的当地缙绅交往甚多，而且还有一门族人李希贤迁移到此居住。因而李根源对漾濞历来是颇有感情的，漾濞也多留有李根源的墨宝和诗文。据《续云南通志长编》载：漾濞四十里桥的"天威迳"摩崖、太平乡的"太平岭"和县城的"漾濞县"石刻（均为1912年书），以及悬挂于云龙桥东岸桥亭门横枋之间的"铁锁云龙"匾额（1943年书），均系李根源所亲笔书写后镌刻而成。可惜时过境迁，"天威迳"等石刻今只存有拓片，而"铁锁云龙"匾额则毁于1966年的漾江特大洪水。

李根源写的有关漾濞的诗文，有20世纪40年代，他奔走于"滇西抗战"前线、积极为抗战出力的时候，在秀岭大觉寺放雪楼题赠给当年曾对漾濞"设县"出力颇多的当地缙绅田钟农的一首诗：

设县当年费运筹，漾人食惠万千秋。
君今老矣犹豪健，一曲高歌放雪楼。

还有多首关于缅怀英年早逝的他在云南讲武堂的得意弟子田钟谷将军的。如抗日战争期间他题赠田钟谷家属的《颂田钟谷》诗：

吾门将士知多少，英烈如君亦不多。
浴血征战中华地，长留正气壮山河。

此外，李根源在题为《漾濞》一诗中，又赞扬田钟谷将军的堂弟田钟毅将军：

黑惠江流滚滚来，陇头惊见早梅开。
过桥不禁及门感，尚有田生名将才。

黑惠江是漾濞江的别称，"过桥"就是过漾濞江上的云龙桥。当李根源风尘仆仆地走过云龙桥，进入漾濞古城时，有一种踏进家门的感觉，更令诗人备感欣慰的是在田钟谷将军之后，漾濞又有田钟毅将军脱颖而出，成为屡挫日军的著名抗日将领。

中国民间
文化遗产
抢救工程
THE PROJECT TO CHINESE
FOLK CULTURAL HERITAGES
SOS

中国民间
文化遗产
抢救工程
THE PROJECT TO CHINESE
FOLK CULTURAL HERITAGES

中外游记里的漾濞

徐霞客的
《徐霞客游记》

徐霞客（1587~1641），名弘祖，号霞客，江苏江阴人。明代地理学家、旅行家和文学家。他经 30 年田野考察撰写而成的 60 万字的《徐霞客游记》，开辟了中国地理学上系统观察自然、描述自然的新方向，既是系统考察祖国地貌地质的地理名著，又是描绘华夏风景资源的旅游巨篇，还是文字优美的文学佳作，在国内外具有深远的影响。徐霞

漾濞大地

客被后人称为"千古奇人"、"游圣"和是"中华旅游第一人"。

　　明崇祯十二年（1639）农历三月廿一日，52岁的徐霞客与顾行主仆二人由四十里桥进入漾濞地界，24日跨过太平乡的顺濞河出漾濞境向永平方向走去。在漾濞境内共游历了4天。《徐霞客游记》中的《滇游日记之八》，对此4天的行程和游踪记载得非常翔实，共计用了4600多字的笔墨，平均每天记述 1100 余字。在徐霞客准确、生动、优美的描绘下，漾濞山水风光，仿佛一幅幅美丽的画卷展示在人们面前。更难得的是，徐霞客在记述漾濞山川地理的同时，还注重考察当地民俗风情和注意挖掘其历史人文资源。徐霞客也是中国古代描写和记录漾濞最多的作家，他对漾濞神奇壮丽山水风光的由衷的欣赏赞美之情和无限留恋之意，时时溢于笔端，渗透在字里行间。他的游记已成为漾濞弥足珍贵的历史文化遗产和厚重的人文积淀。漾濞人民也深深地为家乡风物进入徐霞客的游记而自豪。在民国时期漾濞中学的校歌里，"徐霞客的游记"同"诸葛亮的战地"一起被赞为桑梓的最大荣耀。

在漾濞地界，徐霞客最感兴趣的地方就是点苍山西坡著名的地质奇观——石门关。他在这个被后人称之为"苍山之肺"的苍山大峡谷考察了两天，并受到当地药师寺僧人性严的热情款待和大力帮助。这是徐霞客描述石门关的名句："矫首东望，忽云气迸坼，露出青芙蓉两片，插天拔地，骈立对峙，其内崇峦叠映，云影出没，令人神跃。"至今仍为人们津津乐道，奉为经典。

徐霞客到漾濞的第一天（三月廿一日）中午，在石门关前的金牛屯有幸邂逅药师寺僧人性严。被性严领到寺中摘青蚕豆招待。餐后徐霞客独自来到石门关前，见一条大溪自石门关破峡而出，而"石门近在咫尺，上下逼凑，骈削万仞，相距不逾二丈，其顶两端如一，其根只容一水。盖本一山外屏，直从其脊一刀中剖而成者"。他找到一条路进入峡谷，走过"溪中缚木架巨石以渡"的木头桥，顺着"丛篁覆道"的溪涧，往里边探索着前行。徐霞客一个人尽情畅游玩赏了"飞崖倒影，上逼双阙，下临绝壑"的奇险幽绝而又气象万千，被他称之为"真奇观"的石门关峡谷的

中国名城·云南漾濞

绝美风光。

第二天早饭后，性严准备了伙食，让寺里小和尚和徐霞客的仆人分别背着，一同从寺后向东登上石门关顶的玉皇阁。这时，徐霞客被眼前雄奇险峻的点苍山风光深深吸引，丢下众人，独自从玉皇阁背后缘悬崖峭壁攀登，终于爬上了"皆烧茅流土，无复棘翳，惟顶坳间，时丛木一区，棘翳随之"，且"岭脊烧痕处，虎迹齿齿，印沙土间"的点苍山顶。此行，年过半百的旅行家，不畏艰险，除了考察到"苍山前后，共峰两重：东峙者为正峰，而形如笔架者最高"外，徐霞客还注意到"沐西平征大理，出点苍山后，立旗帜以乱之，即由此道上也"。此即指明洪武十五年三月（1382），傅友德、沐英进兵大理。段世军队凭借苍山、洱海天险，扼龙首、龙尾两关抗拒，拒不投降，沐英便采取迂回包抄战术，兵分三路，自己一路从正面，命令王弼率兵由洱海东面趋上关，派遣胡海洋由洱源邓川、乔后绕道漾濞的点苍山后面，从石门关，也就是徐霞客攀登苍山的路线，攀木缘崖登上点苍山，然后树起旗帜，呐喊着往下冲，段兵惊慌溃散，沐英策马身先士卒强渡西洱河，一举斩关攻入，俘虏了段世及段宝二孙，平定了大理。

下山的时候，徐霞客先考察了位于玉皇阁左下的玉皇阁初创者朱史二道人最初修行的岩洞，他看见"悬崖之间，有洞南向，下临深涧，乃两巨石合掌而成者"。他特别称赞洞前"石崖上下危削，古木倒盘，霏烟揽翠，俯掬轰流，令人有杳然别天之想"的雄奇险峻的绝美风光。接着徐霞客又考察了"花椒庵石洞"名胜，对石洞描述道："洞亦巨石所复，其下半叠石盘，半庋空中。空处浮出二三丈，上下亦离丈余，而平皆如砥。"他发现，"此地境幽坞绕，水石错落，亦栖真之地"。可惜洞里"龛中器用皆备，而寂无

居人，户亦设而不关"。徐霞客对此不无遗憾地叹息说："余愧行脚不能留此，为怅然而去。"在返回药师寺的途中，徐霞客遇着一个老人背着几只木桶下山，他便是在石洞休息之人。这位老人每日登山砍树箍木桶，晚上背下山卖了买米讨生活，夜里他也不能歇宿在石洞中。

第三天早上起来，徐霞客为性严书写了一篇《玉皇阁募缘疏》。中午他们主仆二人顶着渐渐小下来的淅淅沥沥山雨上路。僧人性严身披遮雨的毡子，送了他们一程才依依不舍分别。下午，徐霞客主仆二人抵达漾濞街，他日记中记述的漾濞街是"居庐夹街临水，甚盛"。他了解到从街旁流淌而过的漾濞江上有两座桥，一座是铁锁桥，一座是木架桥。他记述说："铁锁桥在街北上流一里，而木架长桥即当街西跨下流。"历来喜欢刨根问底的旅行家，便结合这两座桥下的"漾濞之水"之名，对"漾濞"二字的来源，作了一番辨析性考证："按《志》[①]：剑川水为漾，洱海水为濞，二水合流故名"，但"今此桥去合江铺北三十里，驿去其北亦十五里，止当漾水，与濞水无涉，何以兼而名之耶？"由此他作出这样的推断曰："岂濞水非洱海，即点苍后出之别流耶？"他还进一步论证道："余按水出丽江府南者，皆谓之漾。如漾共发源于十和之中海，经七和下鹤庆，合东西诸泉而入穴，故曰漾共。此水发源于九和，经剑川别而南流，故曰漾别。则'别'乃分别之'别'，非口鼻之'鼻'也。然《一统志》又称'漾备'，此又与'胜备'同名，亦非'濞'字之一征矣。"这里且先不论徐霞客这个"濞水非洱海，即点苍后出之别流耶"的推论是否正确，但我们却不能不钦佩他这种崇尚独立思考，从不满足于现成"说法"的探索精神。

可惜由于徐霞客急欲赶路去漫游缅甸，因为他恐迟则西行夏日多瘴气。在漾濞街匆匆忙忙买了点蔬菜和米后，便就近跨上街口漾濞江上的木架桥过漾濞江。徐霞客和顾行沿博南古道继续西行，当晚歇脚于太平铺一座破旧的楼上。

第四天，天刚破晓，徐霞客二人就上路，顺着太平铺河右岸往下走，经过"有村倚北山坡峡间，庐舍最盛"的著名古驿站打牛坪，再经过胜备村，最后渡过顺濞河，走出了漾濞地界，抵达永平境内。至此，这位"平生只负云山梦，一步能空天下山"，立志"问奇于名山大川"，以致"天下奇胜无不游"的明代大旅行家结束了他神奇的漾濞之旅。

注：
① 笔者按:《志》即《大明一统志》，下面的《一统志》同。

亨利·奥尔良的《云南游记》

在一百多年前,法国探险家亨利·奥尔良王子所著的《云南游记——从东京湾到印度》(云南人民出版社 2001 年 10 月翻译出版)一书中,有几段记述到漾濞的珍贵文字。

1895 年 1 月,奥尔良王子偕同另外两个法国人——鲁克斯和布利弗,由东京湾(今越南北部湾)出发,取道西行抵达英国殖民地印度,又从红河水道逆流而上,进入中国境内。之后他们到达今天红河哈尼族彝族自治州首府蒙自。接着,他们一行在所雇马帮和脚夫的引领下,从蒙自

出发，开始了长达一年时间的从滇南到滇西北一带的颇富传奇色彩的探险旅行活动。对于此次旅行的行程和沿途的山川河流、生态植被、城镇村庄、民族宗教、风土人情，奥尔良王子在他所著的《云南游记——从东京湾到印度》一书中做了"流水账式"的翔实记录。

当年奥尔良曾行经的漾濞江及沿岸山脉

奥尔良王子一行旅行的目的，用他们的话说，就是旨在探索中国境内的湄公河流域。在中国境内的湄公河上游河段，中国称之为澜沧江。漾濞江则是澜沧江第二大支流，

也是澜沧江在云南境内最大的支流，漾濞江流域自然列入了他们考察的范围。1895 年 6 月 20 日，奥尔良王子一行抵达漾濞，他在《游记》中写道："20 日，来到了漾濞江畔……这里河谷狭窄，树木茂盛，一条索桥横跨漾濞河，索桥上有 8 根铁索，两端固定在白色的桥墩上。桥头是一个小小的平台，一头石雕水牛便是唯一的守卫。畜牲俯卧在平台上，心满意足气定神闲地看着远逝的河水。"书中还附有一张云龙桥的插图，是根据作者当年所摄照片绘制的。从插图上，我们发现，平台和石雕水牛的位置是在桥下江水西岸边的沙洲上。奥尔良王子所留下的关于云龙桥的文字记述和照片，使我们今天能够有幸了解到 118 年前云龙桥的风貌；否则我们今天根本不知道云龙桥下，还曾经有过这么一头用来藉以镇水的石雕水牛。

6 月 21 日，奥尔良王子一行离开漾濞城，再次经过云龙桥，沿着漾濞至云龙的古道往西北方向行走，经杨茂村河、罗屯村、沙波登、木瓜坞、苟白羊、张武哨、施家村，再转西北的石竹坡、苍蒲塘、白荞地、白露、知达拉、罗里密行走了一天，中途歇了一晚，第二天又走了一上午后，才离开漾濞地界进入云龙境内的丰收。奥尔良王子在《游记》中这样记述道："21日，我们穿越了一些森林，森林里间或是一片一片绿色的草。当地人烟罕见，田地稀少，地里稀稀落落种着小麦和荞麦。树荫下一片惬意的凉爽，杂花生树，缤纷多彩，野蔷薇一直爬到了树顶，倒挂着一串串芳香扑鼻的花朵，枝条垂到了一人来高的鲜艳的百合花花冠上。下面是玫瑰色的报春花，给阴暗的底层增添了一种亮丽喜悦的气息。"

奥尔良王子描述的这些路途所见到的景物，就是漾濞今天苍山西镇的白羊村、富恒乡的石竹村、白荞村、罗里密村一带的山川风貌，生态植被。在这个法国探险家生动优美的笔触里，当年漾濞通往云龙的古驿道——"漾云驿道"旁的这些人烟稀少的丛林荒野地带，绿色的芳草一片接一片，森林里百花争艳，绚丽多姿，别有一种引人入胜、令人陶醉的原生态之美。

1
2

1.云龙桥西门
2.外国游客在漾濞

中国名城·云南漾濞

埃德加·斯诺的《马帮旅行》

以撰写纪实性作品《红星照耀下的中国》（又译做《西行漫记》）而闻名于世的美国记者埃德加·斯诺，曾在八十年前，即 20 世纪 30 年代初跟随马帮漫游过漾濞，并写下了若干有关漾濞见闻的文字。这些文字先以《马帮离开大理前往中国永平》的标题发表于 1931 年 8 月 25 日的美国《太阳报》，他身后又有人把它辑录在他的《马帮旅行》（云南人民出版社 2002 年 10 月翻译出版）一书中，从而使他成

漾濞山水

为同漾濞结缘的寥寥无几的几位外国著名人物之一。

　　1931年春夏的一天，以记者身份在云南旅行的斯诺离开下关，经天生桥西行不久，便踏上了漾濞地界。当时漾濞未通公路，斯诺一行沿着点苍山西坡古老的博南古道而行。这时，他们所看到的漾濞风光是这样的："在苍山山脉的高坡上，空气更好。四周是茂密的森林，其中有许多是人类根本未曾染指过的地方。森林沿山坡而下，一直延伸到河边，主要是松树和胶枞，间或也看见榕树或野罗望子。也有的时候，在道路两边，几英里长的范围内，全都是茶花，或数不清品种的大杜鹃，开着一大片淡紫色和白色的花朵。还有盛开的野梅花，它们一片一片地生长在小山坡上，在风中就像一条条游丝，风静时又像朵朵娇美的红云，十分可爱。"

看，也许是由于当年人烟稀少的缘故——按照斯诺的说法就是"有时候骑马走了一早上还看不到村庄"，因而他沿途看到的森林和植被大都还是原生态。也正因为如此，在斯诺这位从太平洋彼岸远道而来的美国客人眼中，点苍山西坡的漾濞山野，不仅绚丽多姿，如诗如画，还透着一种令人心醉的苍翠、古朴、野性的韵味。

从下关出发的第二天的傍晚，斯诺一行抵达了漾濞县城的下街。下街是漾濞回族的主要聚居区，于是他记述这是"一座穆斯林居住的城镇"。对于这个城镇的第一眼印象，他写道："漾濞江水很急，呼叫着穿过城镇。"斯诺一行，在漾濞县城住了一宿，第二天一早他们就穿过两旁店铺林立的长长古街，并通过云龙桥，沿着有"南方丝绸之路"之誉的博南古道继续西行。

关于漾濞云龙桥，可能是由于这座古老的桥梁引起了这位美国记者的浓厚兴趣，斯诺如此不厌其烦地详尽地叙述道："我们在黎明之前从一座云南式的吊桥上跨过江去。吊桥由一组巨大的铁链组成，桥头有石砌的塔楼，楼门很漂亮。铁链长约二百码，每两条铁链之间相距约十英寸，铁链上面放着很厚的木板，铁链的两端埋在石塔之下，用土法配制的混凝土黏合起来。在云南境内，差不多所有的大桥都属于这种类型，其中多数都是在明朝时期，即五六百年之前建造的，到今天仍很坚固，也很安全，当然，铁链有时需要更换。"应当说，斯诺对云龙桥的记述是比较完整和准确的。

至于漾濞当时的治安状况和当地官方给予他的特别关照，斯诺是这样进行记述的："漾濞附近的地方过去曾为土匪张结巴所控制，继张结巴之后当土匪的人又控制了漾濞本身，几个月之前才被赶跑。县长认为我应该请武装护送。他派了四名民兵，其实都还只是小孩，肩上挂着子弹夹，煞有介事地扛着不久前才出厂的德国来复枪。他们说两天前在漾濞出去十里地许有一队马帮还遭到土匪攻击。"从这一看似漫不经心而又不无几分调侃揶揄的记述中，我们却不难想见，20 世纪 30 年代初期，漾濞这块地方匪患频繁、颇不安宁的世情风貌。

云龙桥上的马帮

中国民间
文化遗产
抢救工程
THE PROJECT TO CHINESE
FOLK CULTURAL HERITAGES

文艺之术

中国民间
文化遗产
抢救工程
THE PROJECT TO CHINESE
FOLK CULTURAL HERITAGES
SOS

大觉寺诗抄

　　大觉寺，坐落于漾濞江西岸秀岭村东面的层峦之上，掩映在万松林中，与巍峨雄峻的点苍山遥遥相望，脚下是逶迤而去的漾濞江。大觉寺的前身为舍茶寺，《徐霞客游记》记载："有寺东向，当坡嘴中悬，是为舍茶寺，就而饭。"其始建年代已不可考。

　　大觉寺原有的一殿二阁和阁楼式山门，已经于抗日战争时期修筑滇缅公路时拆除。现有的坐西向东、一殿三阁一

门楼为 20 世纪末村民集资修复。历史上的大觉寺，因其地处博南古道旁，过往官员和商客常在寺中暂憩或夜宿。由于大觉寺地势较高，周围古松参天，登临送目，令人心旷神怡，浮想联翩。当文人墨客到此，缓步登上被雅称为"放雪楼"的寺院山门楼，极目眺望，面对高耸入云，夏天苍翠如黛、冬日白雪皑皑的点苍山诸峰，往往触景生情，诗兴勃发，尽情抒发胸中澎湃的情感，倾吐个人的人生遭际

大觉寺遗址

和感慨，留下了许多诗词佳作。有的官员和文人还与寺中高僧即兴进行诗文唱和或对对联相乐，也留下了不少佳话。

据现有资料，有生卒年月和平生事迹可考的，最早在大觉寺留下诗作的是清康熙三年(1664)进士，官至河东道布政司参议的山东无棣人吴自肃（1630~1712）。他在大觉寺写的这首题为《登放雪楼》诗，就是他出任云南提督学政，巡察滇西时的作品。其诗曰：

柏木高悬一寺孤，登楼遥望客踌躇。
虚心竹许栽千个，碍眼松须伐数株。
自有云光供吐纳，莫教雪影起模糊。
当前面目还他好，拟作庐山笑腐儒。

吴自肃文韬武略，富有治国安邦才能和忧国爱民思想，其气势和心胸自非一般陈腐书生可比。这首高处着笔，意境不俗的诗作，即给人一种豪迈雄浑的气概：高悬在柏木铺岭头上的一座孤零零的寺庙，过往歇息的旅人登寺中的望雪楼遥望，天高地远，云水苍苍，不禁沉吟徘徊，心有

大觉寺下的村庄

所思。然而此地"自有云光供吐纳",对面的点苍山白雪晶莹，使人的低沉情绪一扫而光，心胸豁然开朗起来。

　　吴自肃之后，清雍正二年（1724）进士，官至大理寺少卿的归安（今浙江湖州）人吴应枚，亦曾游历到崇山峻岭中的博南古道上。他在大觉寺的诗作题目为《游太平大觉寺》：

　　谁从峻岭架危梯，千仞苍山势与齐。
　　晃眼雪光当槛落，荡胸云影拂檐低。
　　尘缨有客能参圣，觉路何人能指迷？
　　万叠林峦成绣错，登临我亦羡岩栖。

　　作为笔墨丹青造诣深厚，有书画作品传世的文人官员，吴应枚的这首诗给人比较强的画面感。诗人描绘登秀岭的崎岖山径是"峻岭架危梯"，赞美寺院所在的秀岭与"千仞苍山"的巍峨气势，旗鼓相当，而"晃眼雪光"仿佛就从诗人伫立的阁楼栏杆前飘落，"荡胸云影"似乎比楼阁的屋檐飘忽得更低。接下来诗人虽然感叹身陷尘俗之事的自己有志"参圣"（即追求"位跻圣人之列"），却没有高人指点迷津，但登临此地，面对色彩斑斓、赏心悦目的"万叠林峦"，诗人不禁非常羡慕在这里修行的僧人。

清雍正十一年（1733）进士，乾隆十九年（1754）任云南学政的河南虞城人葛峻起，沿博南古道走来时，在大觉寺写下这首题为《登放雪楼》的诗：

放雪楼空一望赊，风流遗迹正堪夸。
更无翳障矇青眼，颇有晴峰对晚霞。
一曲高歌谁共和？数行奇字不妨斜。
老僧怜我红尘客，为煮山泉啜乳茶。

葛峻起的诗中，虽有关山万里，孤旅天涯，寂寞无侣，知音难觅之慨，但诗人的心情并不怎么凄惶沉郁，相反在放雪楼上，面对一望无际的空阔视野和历历可寻的令人赞叹的风流遗迹，还有晴峰对晚霞的明朗色彩，诗人的灰色情绪和寂寥心情，都得到了一定程度的淡化和化解，更让诗人备感亲切温暖的是，寺中的老和尚怜悯"为名为利"终日奔波四方的诗人的辛劳和不易，为他煮沸山泉水，泡上一杯浓酽香甜的乳茶，让他感受到萍水相逢的温暖和美好。

以"李杜诗篇万口传，至今已觉不新鲜。江山代有才人出，各领风骚数百年"的豪言壮语为世人熟悉的乾隆二十六年(1761)进士、中国古代大文学家、史学家赵翼(1727~1814)在大觉寺留下一首《题大觉寺》：

漾濞南来箐盒深，万松黑到最高岭。
马行危蹬蹄包铁，佛守荒庵面落金。

怪石偻如奇鬼搏，古枫幻作老人吟。

问途空说天威迳，何处遗踪访七擒。

古道梨花

　　展读之下，使人感觉此诗风格沉郁，韵味苍凉。诗人渡过漾濞江向山高谷深的秀岭山上进发，举目望去，青绿色的松林遮黑了前面的山峰，蹄上钉着铁掌的马，小心翼翼地行走在崎岖危险的山道上，面容上金粉已经斑驳脱落的古佛，守着一座荒芜的庵庙，满目怪石如伛偻的奇鬼互相搏击。而一路走来的天威迳上，却难寻觅传说中千年之前诸葛亮率军南征，七擒孟获显露天威，使边疆归顺内地王朝的历史遗迹。从这些意象上和感叹中，我们不难品味出诗人胸中的块垒、郁闷和茫然。为什么诗人会有这样低落的情绪呢？这可能与诗人此行的心情和所要完成的任务不无关系。

中国名城·云南漾濞

赵翼是乾隆三十三年（1768）五月，也就是清王朝反对缅甸木梳王朝对中国边疆侵袭战争的第三年奉诏从军入滇的。此前在广西镇安府知府任上的赵翼，由于为前任守道辩护，触怒了两广总督李侍尧，曾被李侍尧上本"参劾"。赵翼经过昆明、楚雄、大理等地，途经漾濞拟奔赴永昌（今保山）前线参加筹划与缅甸的战事。正因为昼夜兼程，风餐露宿，辗转滇西千山万水间的诗人，不是来游山玩水的，更非来走马上任为官的，而是带有不无失意的情绪，前来为平息边地烽火效力的。况且此时旷日持久的战争仍没有结束的迹象。诗人回望关山历历，抛家别口于万里之外，前眺山险水恶，兵荒马乱，前程未卜，因而难免忧思重重，感慨深沉。其诗作自然就不可能清新俊逸，绚烂明丽。

在众多关于大觉寺的题咏中，道光二十一年（1841）进士，官至湖南巡抚，被誉为"天子门生，门生天子"的皇帝老师太傅云南景东人刘崐，在大觉寺留下的题为《宿大觉寺》诗也颇为别致。其诗云：

巍巍高阁依云岭，西望岚光暮色侵。

风叠松涛清俗耳，月明梨瓣照禅心。

隔山野火如龙烛，拥殿疏钟带漏沉。

小榻未明鸡唱促，鸣骖又听报时禽。

刘崐此诗，看似只是随意记录他在大觉寺歇宿夜晚的感受。然而，作为一代博古通今的硕学鸿儒，和怀抱不俗阅历深广的名臣显宦，在他挥洒自如的笔触里，大觉寺却别有一种从容淡定，深雄雅健，绵邈悠长的韵味。无论是诗人信手拈来的阁依云岭，岚光暮色，风叠松涛，月明梨瓣，古寺禅心的意象，还是诗人涉笔成趣的隔山野火，疏钟漏沉，雄鸡催起,马嘶雀噪的具象,都让人玩味不已,回思无穷……

清乾隆十六年（1751），奉旨为养母张氏立著名的"儒童张泳妻张氏节孝坊"的河南洛阳监生张道凝也写过一首题为《大觉寺》的诗：

遥望烟岚锁翠岭，夕阳低处隐丛林。
客从绣岭迷行展，路入疏林辨磬音。
得向瘤僧分半榻，便将红友助长吟。
尘劳也解拈花笑，坐对禅灯午夜心。

张道凝不是显赫的官宦，亦非诗文名家。他青史留名，只是凭藉清乾隆十六年（1751）他为其受皇帝"旌表"的养母张氏所立的"儒童张泳妻张氏节孝坊"。但他的这首诗，却写得很出色，堪称不同凡响。反复玩味此诗，不只诗思清幽，词采丰润，意境深远，韵味醇厚，而且飘逸脱俗，充满哲理禅趣。在诗人的笔触里，除烟岚锁翠岭、夕阳隐丛林、绣岭迷行展、疏林辨磬音等一个个近乎可触可摸的画面和音响，令人赏心悦目，回肠荡气外；其寄宿大觉寺的夜晚，与寺僧同榻而卧，静夜独酌独饮，以酒助诗兴，不顾一路风尘仆仆的疲劳，忽而长歌短吟，忽儿打坐参禅的场景同样生动有趣，让人过目不忘。

除上述诗作外，清代诗人吟咏大觉寺的诗作，仅1989年漾濞彝族自治县文化馆编印的《漾濞古代艺文选》收录的，还有鲁鉴、孙人龙、郝杜、赵协、苏禹功、宁毓贤、盛雯、田坤等人的作品。其中鲁鉴、郝杜还各存留有诗作两首。这些诗虽多只是触景生情的即兴之作，却由于有感而发，大都写得情景交融，生动有趣，可观可赏。

中
国
名
城
·
云
南
漾
濞

民间故事

　　千百年来，民间故事作为民间精神生活的重要内容和消遣方式，源远流长，世代相传。漾濞民间故事题材广泛，内容丰富，爱憎鲜明，曲折离奇，妙趣横生，其中包括创世神话、龙的传说、风物传说、本主传说、习俗传说、人物传说、地名故事、生活故事、幻想故事，以及笑话、寓言等。这些民间故事，除了传达传统道德意识和价值观念，许多故事还充满对人生的启迪，凝结着漾濞各族人民古老的生存智慧和生活经验，表达了人们种种美好的梦想、寄托和善良的愿望。

　　创世神话有《三代人》、《天地是怎样造成的》、《人为什

么会老死》等。

　　龙的传说有《孤儿与龙女》、《望儿滩》、《宝葫芦》、《大
黑龙和大黑牛》、《龙为什么无双耳》、《姊妹龙》、《大黑龙
搬家》、《飞来的龙潭》、《腊果龙潭》等。

　　风物传说都与山川名胜、地方古迹和花虫鸟兽有关，如
《云龙桥》、《核桃女神的传说》、《谷子的来历》、《甜荞的来
历》等。

　　本主（土主）的传说，彝族、白族和汉族都有。比较有
名的本主传说有《点苍本主的传说》、《石坪本主"铁柱将军"
的传说》、《安南本主苍天皇帝圣母娘娘的传说》、《登头村本

迂回流淌的漾濞江

核桃树神

主安龙景帝八王天子的传说》、《上邑村本主阿弥景帝的传说》、《蒙官村本主蒙姓老祖的传说》、《山客店本主赵二将军的传说》等。本主的成分和来源比较复杂，有的是当地村民的始祖，有的是外来的高僧，有的是为民除害的英雄，有的是传说中的历史人物，还有的是从外地恭请来的德高望重的名人。

习俗传说有《二月十九街的来历》、《丁郎刻木》、《金盏忌白》、《新米饭狗先尝》、《芦笙的由来》等。

人物传说有《桑雾顾的传说》、《阿解元的传说》、《罗富宽的传说》、《武士阮元志的传说》、《诸葛亮的传说》、《杨状元的传说》、《林则徐的传说》、《桑不老来历的传说》，以及《罗巴的传说》、《黄张三的传说》、《六八的传说》等。这些民间故事在漾濞广为流传，几乎家喻户晓。

地名故事有《漾濞江的传说》、《蒙官村的来历》、《石门关的由来》、《脉地白王城的传说》、《黑大摸的来历》，等等，是漾濞最富有特色和传奇色彩的传说之一类。

生活故事大都从现实生活出发，以生动感人的故事情节，深刻揭示人性弱点，让人感叹嘘唏的同时，大力提倡孝敬父母，重义轻财，诚实守信，得饶人处且饶人等为人

中国名城·云南漾濞

处世之道，其至主张以德报怨，旨在劝导人们弃恶向善，始终贯穿着善有善报、恶有恶报的因果报应观，极富启迪和教育意义。

民歌

歌唱、吟谣是彝族人表达思想感情的重要方式。彝族歌谣包括有专门曲谱的打歌词、山歌词、牛歌词、叙情长调歌词以及没有曲谱的童谣、民谣等韵律文体。歌谣的句式比较多，有四字句、五字句、七字句等规则句式，也有长短相间的不规则句式。一般打歌词、山歌词以七言四句为多见，间有七言二句；牛歌词以长短句为主；童谣和民谣则四字句、五字句、七字句都有。这些歌谣，运用对偶、排比、双关、比喻等各种修辞手法，极富表现力和感染力。其中，用专门曲谱演唱的歌词，有彝语的，也有汉语的，分别称之为"土调"和"汉调"。按歌谣的内容，则可分为劳作歌、情歌、盘歌、叙事歌等几种类型。

劳作歌 其中最具代表性的是牛歌，多流传于县内南部彝族地区，即腊罗巴当中。牛歌调粗犷雄浑、嘹亮悠远，其内容表达人们对牛的褒奖与安抚，表达耕耘的汗水与艰辛，以及对收获的期待与希望。久犁的老牛听着牛歌，与主人配合默契，新教的牛仔则被老牛带着，一天天熟悉牛歌与土地。在一曲曲牛歌中，人与牛互相鼓舞，共同努力，完成一季又一季的耕种。

情歌 健康向上的情歌是彝族民歌的重要组成部分，歌唱婚姻自由、爱情幸福是历久不衰的主题。情歌有用彝语和汉语演唱之分。根据演唱场所和形式，又有"对曲"和"对调"之别。"对曲"就是青年男女一对或数对在山头、河边对唱，多唱汉调，一般称为山歌调，如"郎是金鸡么先开口，

酒歌

中 国 名 成 · 云 南 羌 鼻

中国名城·云南漾濞

妹是凤凰么后接音";"郎在山头么妹在箐,听着声音么不见人";"阿妹好像么倒钩刺,不挂郎脚么挂郎心"等。"对调"则是在打歌场上男女双方一唱一答,多唱彝调,又称为打歌调。如其意有"今日一别,再遇何时","再遇何时,有心则遇"等。有长辈或晚辈在场时,一般不唱情歌。

盘歌 又称"猜调",为对唱形式的歌谣。有的有固定曲谱,如"十二花名调",多数则属于打歌调或山歌调。其表现内容广泛,花鸟虫鱼,日月星辰,生肖属相,四季更替乃至日常生活中的许多事物,都可在其中进行表达,曲调轻松活泼,一盘一对,一问一答,诙谐逗趣,寓教于乐,广受欢迎。

叙情长调 以抒发各种情感为主要内容,有固定曲谱,含多段歌词,如县志所录的《十二属》就属此类。这类歌谣多借物咏怀,表达某一方面的情愫。

童谣和民谣 彝族童谣和民谣多为彝调,韵律强,易学易记,所唱内容浅显,无更多深刻含义,却又能使人从中获得教益或感受到美好的意境,朗朗上口,别有情趣,令人轻松愉悦。

酒歌 彝人好客,兼而善歌,有客人来,定要上酒,且唱酒歌以劝酒及表达祝福。酒歌有用彝语唱的,多采用打歌调的曲调和句式,句式工整,节奏明快;也有用汉语唱的,多采用汉语民歌的曲调。如今在一些大的接待场合,为顾及许多客人不懂彝语,故而多唱汉语酒歌。比如唱"远方的客人嘞,彝家的阿老表,举起彝家土酒碗,共饮彝家酒",表达对远方客人的热情欢迎。又比如唱"喜欢么也要喝,不喜欢也要喝,喜欢不喜欢,也要喝",事实上却并无勉强客人之意,只是表达主人的盛情。许多酒歌根据不同的客人、不同的情景,即兴编唱,入情入景。酒歌曲调或热情豪放,或深情悠长,让客人深感彝家的盛情与好客。

彝族腊罗打歌　彝族打歌，彝语称为"阿克"。彝族腊罗支系的打歌，热情奔放，活泼欢乐，富有节奏感，具有强烈的艺术感染力。清朝乾嘉年间，训古学家、邓川知州桂未谷《踏歌行》云："一人横笛居中吹，和以芦笙声缕缕。四周旋转数十人，顿足踏地如击鼓。男子赤足披酒裆，女挂耳环一尺五。男歌女和余音长，垂手转肩身伛偻。笛笙律吕两脚谐，歌词不解何言语。"此诗正是二百多年前打歌场景的真实写照，生动地再现了彝族打歌以笛、笙居中领歌舞，众人围圈踏歌，顿足踏地如鼓的热烈场面。尤其是"垂手转肩身伛偻"一句，准确地表达了人们的舞姿以及忘我投入踏歌的情形，可谓生动之至。"歌词不解何言语"，想必是因为彝族打歌唱的都是彝调，故而作者"不解何言语"。现如今，诗中所言"赤足披酒裆"及"耳环一尺五"已不复存在，而竹笛、芦笙依旧，两脚谐律不改。

南片彝族打歌

中国名城·云南漾濞

1. 鸡街打歌
2. 鸡街大刀舞

  漾濞腊罗打歌以其独特风格以及易学的特点，不止在腊罗地区，在全县各地、各民族中间亦广受欢迎、广为流传。腊罗打歌的特点恰如上诗所言，竹笛、芦笙居中伴奏指挥，两声相谐，众人围圈且歌且舞，按逆时针方向转圈，舞步随着曲调、唱词的变化而变化。彝人好打歌，有"芦笙一响，脚板就痒"的俗语。

  腊罗聚居的各个乡镇，其打歌的歌、舞各地稍有差异。其中，艺术感染力最强、流传面最广的首推鸡街打歌。鸡街地处昌宁、巍山、永平三县交界地，既吸收了巍山五印打歌的热情奔放、清新明快的舞蹈和音乐特点，又融汇了昌宁"顺宁调"优美深情的唱腔优点，其最具特色的是打歌中伴以大刀舞，形成鸡街打歌的独特魅力和风格。一般的打歌为一人舞刀，特殊情况也有数人舞刀，人刀相谐，舞步优美中带着气势，整场打歌由之生辉，益显热烈豪放之美。所舞之刀，刀柄处系有响铃及彩穗，随舞步摇响飞动。舞刀者在打歌圈子的最里面、绕火堆而舞，外面为竹笛、芦笙，最外面是数十人甚至上百人的打歌圈，一火熊熊，歌舞奔放，场面壮观，可震星月。一场热烈而持久的打歌，足以在地上踏起一层黄灰，腊罗打歌调中有"跳起黄灰做得药"之词，足见人们对打歌之热烈钟情。

腊罗聚居的地区，各地多有打歌会，时间多在春节期间。过去的山区娱乐活动较少，打歌作为一种娱乐兼难得的交流活动，深受人们推崇。许多打歌会，从入夜打至天明，人们仍意犹未尽，甚而至于有一直打到中午方散的情形。鸡街吉村农历三月十九打歌会，历史悠久，至今依然一年一度如期举办，乡内各村以及邻县各地的人们纷纷前往，或尽情歌舞，或一睹盛会。

除了歌会打歌，彝人在喜事和丧事时也要打歌。喜事和丧事时的打歌，主体打歌人员要经主人家邀请，并赠一份糖果、烟茶之类的"水礼"。打歌之时，先由主体打歌者完成喜事或丧事上相应固定的打歌仪程，配以与唱相应的表达祝福或者哀悼的歌词。之后，前来做客的客人们可随意参与。近年来，随着人们的物质文化生活条件越来越好，传统彝族打歌在融入越来越多现代元素的同时，也越来越多地融入到人们的各种生活场景之中。广大城乡中，除了婚礼、丧事时要请人打歌，给老人祝寿、乔迁新居等各种场合亦普遍请人打歌，并且请人录下光碟，以备纪念及后续欣赏。由此"广大市场"引发，城乡各地打歌队遍地开花，活跃在各种红白喜事场合。"水礼"以及酬金多不计较，重在乡邻情谊以及娱乐开怀。据统计，漾濞城乡今有各种打歌队、文艺队一百多支。这些文艺队伍活跃在各地，繁荣了城乡文化，促进了社会和谐。

彝族聂苏打歌 聂苏打歌，风格古朴庄重，月琴演奏指挥舞步，只跳而不唱曲，间由歌头口呼"三梅花"、"四季发财"、"五子登科"，逐节引导舞步的转换变化，打歌队形、舞蹈动作随着指挥者的号令而变化。

傈僳族打歌 傈僳族打歌，傈僳语称"刮克克"，以芦笙、竹笛伴奏，控制节拍，指挥队形变化。芦笙与彝族葫芦笙大同小异，曲调不尽相同，只舞不歌，舞步优美含蓄，表达生产、劳动场景。

苗族打歌 芦笙演奏者居中或领头，打歌者或围成圈，或排成方阵，和着笙曲旋律翩翩起舞，舞步整齐有力，舞姿优美潇洒，乐曲明快流畅。舞者不歌，但舞蹈语汇丰富，有"串花调"、"合脚调"、"打猎调"、"送晌午调"多种，其中以"串花调"流行最广。

乐器

　　大筒、长号、唢呐 大筒、长号、唢呐是最常见的铜制管乐器，过去，漾濞民间艺人多能自制。大筒音响强烈，长号浑厚深沉，唢呐悠扬婉转，此三件外加铙钹等其他乐器，为彝家婚丧喜庆所不可缺少。唢呐，彝语称为"古署"，民间相传唢呐曲有七十二调，分为喜调和忧调两大类，喜调热烈明快，忧调凄婉哀伤。在丧葬活动中，丧礼结束时，最后要吹奏一曲喜调，谓之"开喜"。由漾濞民间艺人组成的大筒、长号、唢呐礼乐仪仗队曾出席过大理三月街文艺汇演、云南省第八届运动会开幕式等大型活动，受到文艺工作者及各地来宾的赞赏。每年九月一日的漾濞核桃文化节，大筒、长号、唢呐礼乐仪仗队都要以庄严的乐声，拉开整个核桃文化节的序幕。

　　笙 中国流传久远的民族乐器之一。漾濞彝族、傈僳族、苗族同胞都能自制。笙又称为"芦笙"或"葫芦笙"。苗族芦笙用椿木做共鸣箱，簧片用铜片制作，体积大些。彝族、

| 1 | 2 |
| 3 | 4 |

1. 笛子
2. 笙
3. 大筒
4. 双涧彝族唢呐

中国名城·云南漾濞

傈僳族芦笙以葫芦做共鸣箱,用竹皮做发音簧片,体积小巧。在共鸣箱上钻孔,插上长短不一的竹管。管的数目有单管、双管、五管、六管、八管、十管多种,常见为五管,制作精致,音色优美。笙与笛子一起,是彝族打歌中必不可少的乐器。

笛子 漾濞彝族民间最常见的乐器之一,主要用于打歌时吹奏,也可单独吹奏歌曲。彝族民间多能自制竹笛。取粗细适中的竹管一段,约长五六寸,于其上开六个音孔,多以昆虫的硬茧壳做发音哨子,亦有用白纸替代者。竹笛的音色清脆明亮,欢快悦耳,在彝族民间的打歌场上,笛声一响,打歌即起。

土琵琶 傈僳语称为"期本",一般由傈僳族艺人制作,以木质细腻的杂木做材料,在宽约二十厘米的一端抠空后做共鸣箱,其余部分削制成琴杆,琴杆上设有品位,四根弦之间的音程不同,乐音类似琵琶,清脆幽雅,韵味独特。

口弦 彝族诺苏称之为"马哈花",有篾制、铜制两种。在篾片或铜片中间切割出舌簧,演奏时置于口边,扯动一

左侧边栏文字:

中

国

名

城

·

云

南

漾

濞

1
2

1. 吹叶
2. 演奏

端丝弦使其振动发声，在口型、口中气流变化的配合下吹奏出乐曲。口弦音色优雅婉转，体型小巧精致，是彝家少女的心爱之物，常与制作精巧的竹针筒一起随身佩戴，既可随手把玩，亦是一种装饰。

叶子 在多才多艺的民间艺人手中，绿叶是一种天然的乐器，吹奏方式为直接放在唇上吹出乐音。彝家男子中不少是吹奏绿叶的好手，劳作之余，打歌场上，赶马途中，赶街路上，身手不凡的彝家小伙儿随便摘下一片绿叶含在唇上，便能得心应手地吹奏出一曲曲山歌小调。更有精于此道者，用塑料薄膜甚至撩起上衣下角，竟也能随意吹奏，堪称一绝。

此外，漾濞民间乐器还有月琴、小三弦、二胡等，过去多为民间自制。

中国名城·云南漾濞

中国民间
文化遗产
抢救工程
THE PROJECT TO CHINESE
FOLK CULTURAL HERITAGES

文化名人小传

中国民间
文化遗产
抢救工程
THE PROJECT TO CHINESE
FOLK CULTURAL HERITAGES
SOS

书画名家

书画家胡先觉

　　胡先觉，云南漾濞人，生于 1923 年 6 月 19 日，2012 年 7 月 2 日逝世，享年 89 岁。

　　胡先觉毕业于抗日战争期间迁址重庆的国立艺术专科学校（今中央美术学院）1946 级西画组。大学毕业后，他欲赴法国巴黎深造，因父亲反对未能成行，遂受聘于当时迁往保山龙陵的国立大理师范学校任教。新中国成立前后，曾去部队工作，复员后就教于云南省立鹤庆中学。20 世纪 50 年代中期被错误处理回家。一个人在家乡苦度十四五年后，重返鹤庆与家人团聚，靠当小学教师的妻子李松兰微薄的薪水生活。20 世纪 70 年代末恢复公职，遂退休。晚年长期寓居于大理市下关黑龙桥上边被他称为"寄云居野营蛰楼"的一处旧民房楼上。

　　胡先觉在学校学的是西画，先后师从吕凤子、李汝骅、袁梅、张宗禹、陈之佛、潘天寿、方干民、关良、胡善余、吕霞光等名家。之后兼修中国传统国画艺术。他既重视写生，师法自然，又善于学习借鉴中外绘画之精华。而在努力学习别人长处的同时，又极力追求摆脱古人窠臼，独辟蹊径，常用水彩画法表现油画，直到耄耋之年，他仍在苦苦探索艺术创作上的"新方法"、"新境界"、"新变化"。可谓生命不息，探索不止。

　　胡先觉生性孤傲狷介，风骨凛凛，蔑视权贵，正气浩然，自谓"无视横恶逆流之起伏无常，更漠然于荣辱得失之苦乐忧患"，被人戏称为"大侠清门寒士"。表现在书画艺术追求上，用他的话说，就是始终坚持"坚毅为艺术心灵而调养，为艺术灵动而修炼"的品质追求，绝不趋附时尚以取悦，更不随波逐流而媚俗。当年近八十时，他还说："我

倾心传统国画练习，意乃融化古今系列精华，发挥独立创造思想，但本能基础是西画，故表现手法及形象与流行时风极多矛盾，我且努力探索，不断前进。"

胡先觉的书画作品功底深厚，情趣独特，别开生面，令人耳目一新，堪称匠心独运，独树一帜。他的书法笔力遒劲，刚健硬朗，苍郁沉厚，古雅有骨。他的绘画，有的淋漓洒脱，清健朴茂；有的深邃悠远，古意苍茫；有的林壑深秀，峰峦峥嵘；有的奇诡多变，深不可测；有的清新淡雅，意境灵动。可惜，历经磨难，他前半生的作品大都损失殆尽，只留得一帧半幅残卷，可略窥其前期风貌。现在能见到的，都是他晚年的作品。

在 20 世纪 80 年代初期，胡先觉曾远赴北京和杭州地区寻友访故，足迹遍及大江南北，饱览了神州大地许多著名的雄奇山水，名胜古迹，开阔了眼界，增长了见识。返回大理苍山脚下洱海之滨后，更加潜心精研书画艺术，力

中国名城·云南漾濞

图"舒展自我理想艺术性灵之精神境界"。他曾先后参加中山书社和历史文化名城书画家协会，在云南省委秘书学会优秀书画家作品展中获较高评价，被世界书画艺术名人资格审定委员会授予"世界书画艺术名人"荣誉称号。1998年4月在参加完中央美术学院70周年庆典后，他登临黄山创作的作品《黄山一瞬》，用中西技法表现黄山美景，深得行家好评。其书画作品分别收入赵燮、张文祥主编的《世界当代书画篆刻家大辞典珍藏本》和《世界当代著名书画家真迹博览》。

青年国画名家陈迤君

陈迤君，男，白族，1974年出生，云南漾濞人，在职研究生学历，中国书画艺术委员会会员、云南省美术家协会会员、大理白族自治州书画院特聘书画家。先后在漾濞县龙潭乡、漾濞县委组织部、漾濞县委办公室、富恒乡党委工作和任职，现供职于漾濞县委。

陈迤君自幼喜画，曾毕业于中国书画函授大学国画系，被评为优秀学员。先后师从谢长辛、杨德举、寇元勋等先生习画，并得到王森祥等名家的指点和教诲。国画作品《秋高》入选中国书画报社等部门举办的"庆香港回归五周年全国青少年优秀美术书法作品邀请展"，《雨过荷塘晚风清》获中国文联书画艺术交流中心、广东省政协等部门举办的"第六届海峡两岸书画大展"佳作奖，多件作品多次入选云南省、大理州美展并获奖。先后在报纸杂志发表国画作品一百多幅。国画作品及简历入编《全国当代书画名人名作精品集》（科普出版社出版）、《强国丰碑》（中央文献出版社出版）、《中华翰墨》（中国文化出版社出版）、《江山如此多娇》（中国

中国名城·云南漾濞

文化出版社出版）等书籍。2002年，《陈迤君花鸟画艺术》专题片，先后在大理白族自治州电视台和漾濞有线电视台播出。2005年，他荣获"百名中国书画名家"称号。

　　画画儿的同时，陈迤君亦喜写作，先后在《云南日报》、《中国书画报》等报纸杂志发表散文、言论、理论文章、新闻作品七十多件，部分散文作品被收入《三塔呓语》、《歌飞核桃源》等书。曾担任《源于实践的思考》（远方出版社出版）、《漾濞书画选粹》（云南民族出版社出版）、《石门关风物散记》（云南民族出版社出版）、《古道漾濞》（云南民族出版社出版）等九本公开出版书籍的副主编，著有《艺术大家——国画名家八人集》（与梅墨生、何水法等合著，中国文联出版社2012年出版）。

	2	3	4
---	---	---	5
1			

1. 陈迤君近照
2. 陈迤君作品《霜色天下重》
3. 陈迤君作品《兰幽香风远》
4. 陈迤君作品《晨趣》
5. 陈迤君作品《林阴》

中国名城·云南漾濞

民间文化传承人

彝族大毕摩左尚祥

　　彝族是漾濞境内世居民族之一，为自治县的主体民族，有三个支系：腊罗、聂苏、诺苏，又称腊罗巴、罗婆、诺苏泼。腊罗、聂苏为哀牢夷、乌蛮后裔。彝语称虎为"腊"（喇），称龙为"罗"（鲁），"腊罗巴"汉语意为"虎与龙的子孙后代"，也可意译为"虎龙族群"。这一自称，反映了哀牢夷原始部落的虎龙崇拜。

　　彝族崇尚万物有灵，奉行祖先崇拜。在彝族古代先民观念中，丧葬乃人生大事，亦为部族大事，丧葬祭祀是古老民族亘古不变的隆重仪式。彝族原始部落举行丧葬活动，要由一个人来主持，这个主持者才德超群，深孚众望，仰观天文，俯察地理，能指点迷津，拨云见日。这个人物就是彝族古老文化的传承者毕摩。

　　毕摩，有的彝族地区称呗玛，有的彝族地区称阿毕。各地称谓不尽相同，实质并无差异，毕摩是彝族丧葬活动的主持者，彝文的创造者和传播者，彝族古老文明的传承者。一个民族或者一个时代的文明程度主要表现为文字和历法。史料表明，彝族的十月太阳历，比通行的十二月阳历早得

多，这是彝族先民对人类文明的巨大贡献。彝族先民创造了文字，即今天所称的古彝文，比汉字早得多。但是在后来的社会进程中，古彝文没有发展普及。到了"书同文，车同轮，礼同伦"的秦汉之际，汉文化强势普及，发扬光大，古彝文原地踏步，停滞不前。这就给彝族先民们出了一道难题——彝文经典如何传承？毕摩们承担起了这个重任，他们口传心授，以叙事长诗的形式一代一代传承彝族文化根脉，久而久之，成为经典。这就让人联想到彝族的火坛，薪火相传，绵延不绝。没有文字，仅以口传，要完整地保留一部涉及山川风物、天文地理，人类起源、部族迁徙，生老病死、世间众相，自然、宗教、哲学、伦理等等内容的典籍，似乎是不可能的。然而毕摩做到了，虽然在传授中难免疏漏遗失了一些细枝末节，但主要的内容或者说精华得以保留。一些民族研究的疑难问题，可以在彝族毕摩经文中找到答案。比如"南诏王室的陵墓究竟何在？"困扰了一代代地方文化学者，苦苦探究而无果。其实这个问题在彝族毕摩经文里说得明白，《南诏宫灯》里记述，南诏王室成员逝世后实行火葬，没有陵墓，回归自然，天人合一。这便是彝族毕摩的历史功绩。

彝族大毕摩左尚祥，来自漾濞南部白竹山下，地道的腊罗巴。"十六岁拜师学艺，二十一岁出师主持祭祀，经历七十余年毕摩生涯，通晓彝经，咏诵如流"，口传百万言经文、三十万行彝族叙事长诗，在毕摩同行和彝胞中德高望重。

2006年农历六月廿四火把节，大理白族自治州彝学学会在大理白族自治州府下关举行学会成立二十周年纪念活动，晚上在明珠广场安排了隆重古朴的祭火仪式，大毕摩应邀下山主持祭火大典。当八十六岁高龄的大毕摩慷慨激昂、抑扬顿挫地吟诵起《祭火经》时，明珠广场上一派肃穆，数千人屏声聆听。影视记者们长枪短炮，镜头对准皓首苍眉的大毕摩，等待火把点燃。因经文词汇皆为古彝语，知者甚少，然而大毕摩虔诚的表情和专注的神态，让人们感受到他正在与上天沟通，与神灵对话，赞美火的丰功伟绩，为生灵祈祷平安幸福。经文诵罢，大毕摩声若洪钟宣布："阿哚哚咧——！"（彝语，点火之意）顷刻间，竖立于广场中央的火把烈焰腾腾，熊熊燃烧，火光照亮了偌大的广场，人山人海里火一样的激情同时被点燃，笙笛悠扬，歌声嘹亮，欢乐的人群激情奔放，围火踏歌……众多青年争先恐后涌向老毕摩，与他合影。大毕摩仙风道骨，额头深嵌岁月风霜，

彝族大毕摩左尚祥

古铜色脸庞容光焕发。

正是这次隆重的祭火大典，引发了一项具有重大意义的民族民间文化遗产抢救工程——《漾濞彝族毕摩经文》的搜集整理和出版。

此前，有关方面为抢救和保护民族民间文化遗产，决定开展对彝族毕摩文化的系统收集、整理、编译出版工作，确定编译出版一百卷《彝族毕摩经典译注》，以楚雄彝族毕摩经典为主，同时吸收滇、川、黔、桂四省（区）各彝区具有代表性的毕摩经典。根据云南省彝学学会倡议，由大理白族自治州彝学学会牵头，重点在漾濞、巍山、南涧三县彝族地区收集、整理、编译两部彝族西部方言区的彝族毕摩经典，其中巍山、

南涧为南部卷,漾濞为西部卷。于是,漾濞彝学学会抓住机遇,拟订了这项与时间赛跑的民族民间文化遗产抢救工作方案。

计划得到了漾濞县委、县政府的支持,县彝学学会成立领导小组,抽调县内文化精英、民族民间文化的热心者,组成强有力的工作班子,深入白竹山,与大毕摩密切合作,抢救了一宗不可多得的民族文化珍宝。同时聘请了南诏发祥地巍山彝语专家杨世昌、杨茂虞承担翻译。毕摩经典抢救工作从 2006 年秋正式展开。

经过三年的辛勤工作,县彝学学会共收集大毕摩口传丧葬经文、日常祭祀经文 48 部,140 万言。除纳入楚雄彝族自治州百部彝族毕摩经典编译出版《彝族毕摩经典译注·大理州西部卷》外,编译为《彝族毕摩丧葬祭经》两卷、《彝族毕摩日常祭经》一卷,公开出版发行。彝族毕摩经文典籍的搜集、整理和出版,是民族民间文化遗产抢救的丰硕成果,是大毕摩和地方文化学者们对彝族文化的重大贡献。

2008 年 9 月,年近九旬的大毕摩左尚祥吟诵完卷帙浩繁的彝族毕摩经最后一行经文后,与世长辞。

彝族过山号传承人黄应福

　　黄应福，男，彝族，1941年2月出生于漾濞彝族自治县鸡街乡鸡街村鸡街组。

　　过山号和唢呐吹奏在彝族群众生活中占有重要地位，是彝族文化宝库中的一个重要组成部分。黄应福从1954年跟随父亲学习唢呐、长号等民间器乐吹奏。1961年开始带领学徒从事唢呐、长号吹奏。祖传唢呐、长号四代至今，会吹286种调，掌握本地的祭祀习俗，风水及送神、驱邪等活动。会开堂调四调，喜调、接媳妇、竖柱、礼仪、节庆等126调，哀调、申棺、开咽喉……下葬、招灵等154调。1954年至今，他曾到过大理、凤仪、永平、巍山、昌宁等地吹奏唢呐、长号，共计上万场次，学徒达80多人，目前在学的学徒20人。黄应福的唢呐、长号吹奏在当地影响最大，位居业首。在大理、保山两州市的漾濞县、巍山县、永平县、昌宁县四县唢呐、长号吹奏者中威望至高。现有祖传的长号、唢呐多支，其中唢呐三支，大号三支，中号三对六支，海螺一个，小镲子两个，小鼓一个，小闹子一个。

1　2

1. 颂毕摩
2. 过山号传承

中国名城·云南漾濞

彝族打歌及芦笙传承人习绍康

习绍康，男，彝族，1966 年出生于漾濞彝族自治县鸡街乡达村下排社，擅长彝族打歌及吹芦笙。

"芦笙一响，脚杆就痒。笛子一吹，调子就飞。"漾濞彝族有打歌的传统，喜欢打歌，善于打歌。传统彝族打歌以一人居中吹笙，引领舞步，一场打歌以吹响芦笙起始。打歌套路繁多，常见的有"四步行走式"、"六步六行式"、"六步颤动式"、"踏步两翻两转"、"跳步两翻两转"、"三翻三转"、"全翻"、"板桥翻"、"正喜歌"、"三跺脚"等，随着不同的音乐节奏而变换步伐，舒展激情，使人在粗犷豪放的打歌中，感受到激情与美感。

习绍康曾先后参加县、州、省各级文艺表演并获奖。2006 年火把节，参加大理州彝学会组织举办的大型文艺表演；2012 年参加大理供电局举办的《我爱我家》家庭才艺展示，代表漾濞供电有限公司参赛，荣获第二名；并在之

中 国 名 城 · 云 南 漾 濞

后参加云南电网公司举办的《我爱我家》家庭才艺展示，代表大理供电局参赛，荣获二等奖。现有学徒六十多人。

彝族打歌及山歌传承人常泽香

常泽香，女，彝族，1966 年 11 月出生，漾濞彝族自治县鸡街乡鸡街村许么邑上组人，擅长彝族打歌、大刀舞、山歌、刺绣。

1982 年开始参加大理"三月街"民族节文艺汇演，1985 年参加庆祝漾濞彝族自治县成立庆典演出，之后连续多年参加相关文艺汇演，并多次参加民歌比赛。2009 年参加大理州第八届非物质文化遗产项目展演。2010 年参加中

2
3
1

1. 芦笙传承
2. 打歌、刀舞
3. 山歌传承

央电视台"民歌中国"节目。2011 年参加中国大理漾濞核桃节昆明专场演唱会"彝人唱红歌"节目。2011 年参加中国国际民族交易会刺绣会展。2011 年在大理白族自治州民族民间文艺大赛中获银奖。

彝族刺绣及剪纸传承人吉珍琳

吉珍琳,女,彝族,1956 年出生于漾濞彝族自治县鸡街乡新寨村鲁古箐组。1964 年开始向母亲及村里长辈学习刺绣,1966 年开始学习剪纸技艺,1981 年出师。经多年努力,成为民间刺绣和剪纸高手。

吉珍琳的刺绣作品色彩鲜艳,做工精细,富有浓厚的民族特色。剪纸品种丰富,美观大方。剪纸及刺绣作品有服饰、裹背、鞋、鞋垫、背包、手机套、钱包、被套、枕头等一百多种。绣品及剪纸作品多次参加漾濞核桃文化节交流会、大理"三月街"民族节展销。现有学徒八十多人。绣品样品有全绣男女装各二套,裹背一件,鞋四双,背包两个,手机套八个,钱包三个,被套一件,枕头一对,半成品若干,剪纸样品若干存于家中。拥有"绣娘"、"剪纸能手"称号。

彝族大刀舞传承人吉用伟

吉用伟，男，彝族，1984 年生于大理白族自治州漾濞县鸡街乡新寨村吉村。擅长大刀舞、山歌，笛子芦笙及大筒唢呐等民间器乐吹奏。

吉用伟 2000 年初拜本村老艺人吉有凤为师，学习鸡街大刀舞及鼓吹（包括唢呐、大筒及长号等民间器乐）、扎纸等民间传统技艺。2008 年开始带徒从事大刀舞、打歌、彝族传统歌舞表演。曾参加大理州"洱海歌手大赛"、大理"三月街"民族节文艺汇演并获奖。其大刀舞对鸡街传统大刀舞有较大创新与拓展，表演被录入央视《乡约》节目。先后带学徒两百多人。现有自制大刀一把，芦笙一把，笛四支，大筒三支，长罗四支，唢呐两支，海螺两个，咣、枝、鼓、锣、镲各一个。

除以上所录，漾濞非物质文化遗产项目代表性传承人还有彝族大刀舞传承人鸡街乡吉绍金，瓦厂乡吴富海；彝族过山号传承人太平乡杨文伟；彝族刺绣传承人鸡街乡胡花妹；苗族手工刺绣传承人龙潭乡李菊香、吴玉清；傈僳族爬刀杆下火海传承人漾江镇海润朝。

	1
2	4
3	

1. 彝族刺绣传承
2~3. 彝族刺绣作品
4. 彝族大刀舞传承人吉用伟

中国民间
文化遗产
抢救工程
THE PROJECT TO CHINESE
FOLK CULTURAL HERITAGES

SOS

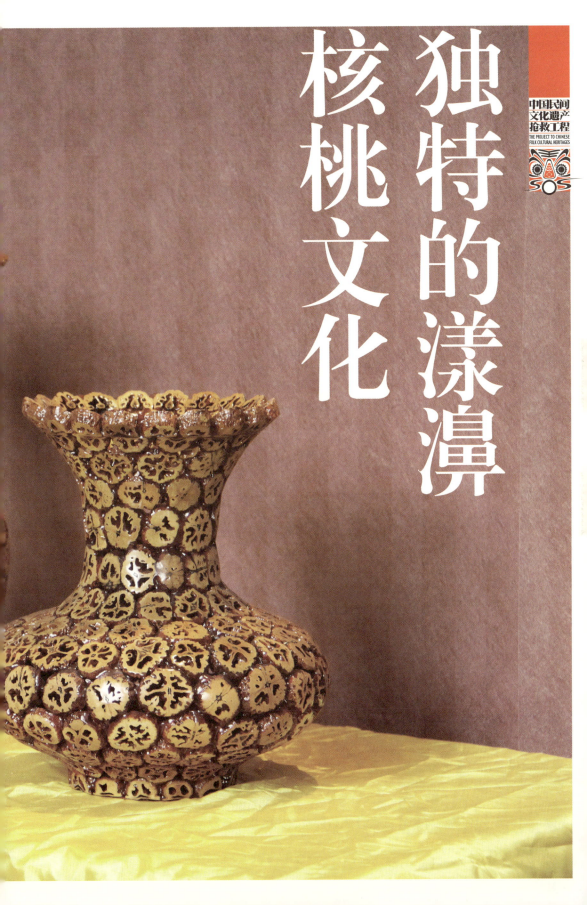

独特的漾濞核桃文化

中国民间
文化遗产
抢救工程
THE PROJECT TO CHINESE
FOLK CULTURAL HERITAGES
SOS

核桃古木

漾濞核桃甲天下，独领风骚三千年。

1980 年，漾濞县林业局工程师杨源（先后担任过漾濞县政府副县长、大理白族自治州林业局副局长等职）在平坡公社向阳大队高发生产队发现了一段古木，经中科院考古研究所于 1986 年 4 月进行专业测定，测定其为生长于3500 多年前的古核桃木。也就是说，当公元前 112 年张骞历尽千辛万苦从西域带回胡桃种的时候，漾濞江流域已有大片野核桃林生长了。

依据这一考古发现，再联系漾濞境内核桃品种繁多、有大片原始野生铁核桃林生长以及与核桃同科的三个属、五

个种的植物大量分布等实际状况，漾濞林业科技工作者推断，漾濞是核桃原产地。这一推断，被后来的核桃研究最新成果所验证。

1995 年，在漾濞江东岸点苍山西坡发现的一幅古崖画，经有关专家研究鉴定是新石器时期的古崖画。崖画不但对研究漾濞江流域土著先民早期生产活动和生活状况提供了翔实的资料，而且为研究漾濞江流域的核桃生产发展提供了新的线索，因为在这幅崖画中有一幅采集图，记录了先民们的采集场面，从一个侧面反映了这里当时就有可供采集的大量坚果、鲜果生长。

1
2
3

1.漾濞核桃古树
2.1980 年，漾濞县林业局工程师杨源在平坡公社向阳大队高发生产队发现的核桃古木
3.光明村两百年以上古核桃树

中国名城·云南漾濞

杨源先生在《云南核桃》一书中考证指出：据《南诏野史》等地方史料记载，史前，点苍山半坡就有人类繁衍生息；新石器时代，苍山洱海地区就有人类活动。自史前以来，野生铁核桃就一直是人类的天然食物。唐代《南诏通纪》、《酉阳杂俎》等记载，唐宋以来，南诏大理地区的核桃就已经成为大宗商品和贡品。清代《游滇记》说："太和（大理、漾濞一带）核桃，皮薄如纸。"《滇海虞衡志》有载："核桃以漾濞江为上，壳薄可捏而碎之。"据这些典籍记载推断，漾濞人工栽培嫁接核桃的历史应逾千年。平坡镇高发村罗家村民小组有一株核桃树，主干粗壮，离地一米高分为合抱粗的五杈，冠幅占地近一亩，树龄约四百多年。该树盛果期年产核桃果近四万个，"可榨油一驮半"（约 125 千克），堪称核桃树王。该村民小组还有一株泡核桃古树，树干早已空心，其内可藏十余个小孩，树型别致，主干斜插在地，上部分为两大杈，树身长满苔藓，树龄也在四百年以上，至今仍年年开花结果。太平乡构皮村白瓦房村民小组的一株核桃古树，冠幅 1.1 亩，盛果期年产核桃 420 千克，约四万个。在整个漾濞境内，年产万果、树龄三四百年的老核桃树比比皆是。有研究表明，漾濞的泡核桃嫁接技术，早在唐代就处于领先地位。

新中国成立之初，全县有泡核桃五十多万株，产量 55 万千克。20 世纪 80 年代之后，全县核桃产业发展进入新的时期，各项科技措施不断完善，核桃种植数量和核桃产量不断增长。漾濞核桃以果大、壳薄、仁白、味香、出油率高、营养丰富，先后赢得"全国质量第一"、"全国县级人均占有量第一"等众多荣誉。1995 年 8 月，国务院经济发展中心市场研究所授予漾濞彝族自治县"中国核桃之乡"称号，颁发证书，并载入《中华之最荣誉大典》。

今天，十万人口的漾濞拥有核桃过百万亩、千万株，人均拥有核桃近百株，人均核桃收入超过万元。在漾濞的百里漾江峡谷，千里广袤彝山，核桃树、核桃园、核桃林无处不在。各族群众在生活中，以核桃思源，以核桃为食，以核桃待客，以核桃会友，以核桃联谊，以核桃健身，以核桃入药，以核桃祭祀，以核桃作诗，以核桃入艺，以核桃作画，以核桃雕刻，以核桃起舞，以核桃歌吟，以核桃兴文，以核桃取名，以核桃作礼，以核桃兴农，以核桃促商，以核桃致富……在这里，核桃涉及历史考古、文化艺术、医学保健、经济贸易、餐饮旅游等各个方面，包含历史记载、考古发现、传说故事、专门著述、诗词歌舞、民俗活动、谚语掌故、工艺美术等多种文化。

核桃之品之德之用，深深浸透在当地人们的价值观念里。如漾濞民间谚语云："做人要学核桃，不求华丽的外表，要有丰富的内涵"；"育人就像种核桃，环境、护理最重要"；"人不受挫不成器，核桃剪枝多结果"；"核桃手中转，健康身上来"（指转核桃活动手指）。又如漾濞民间顺口溜："山顶青松戴帽，山腰瓜果核桃"；"金果果，银果果，不如彝家核桃果"。

2 3

1

1. 崖画核桃果树
2. 核桃产业
3. 核桃开竿

中国名城·云南漾濞

　　在漾濞，关于核桃的文艺作品不可胜数。歌曲有《请到核桃之乡来》《核桃园里艳阳天》《寻梦核桃乡》《核桃之乡漾濞美》《核桃之乡等你来》等。文学作品有《歌飞核桃园》文学作品集，长篇小说《核桃花开》，以及不计其数的关于核桃的诗歌、散文、小说、故事作品，一直以来，核桃都是漾濞文学讲述和表达的重要主题。核桃舞蹈有《打核桃》《拾核桃》等，反映核桃丰收的欢乐喜庆场面。传说故事有《核桃女神的传说》《阿波萝核桃树的由来》等。

　　每年阳历的九月一日，被定为漾濞一年一度的"核桃文化节"，节日期间，有祭核桃神、吃核桃宴、跳核桃舞等多种民俗活动。而农历中秋，漾濞之境不论城乡，家家

中
国
名
城
·
云
南
漾
濞

都要吃核桃，以庆丰收团圆。

漾濞无所不在的核桃文化，是世代生息在这片土地上的各族人民，数千年来在栽种、培育、经营核桃的社会实践中共同创造的文化，是漾濞适宜核桃生长的这一特定环境下人们生产、生活方式的集中反映，是这片土地上各族人民劳动智慧的共同结晶。

独特的漾濞核桃文化，其传承和传播主要有两种形式。一种是有具体形式和表现内容的实体文化。如：关于核桃生产的先进科技成果，反映歌颂核桃生产实践的文学艺术作品、专著、谚语、传说故事、歌曲、舞蹈，以及各类核桃工艺品等。另一种是渗透在人们的思想认识体系中，表现在人们的精神活动层面上，其核心内容是宣扬核桃生产实践中总结出来的人与自然的和谐理念。

漾濞核桃文化，深深融合在这片土地的地域文化和民族文化之中。它包含历史、生态、品牌、科技、商业、民俗等内容，是多元文化的融汇与统一。在新的时期，随着漾濞经济社会不断全面发展，独特的漾濞核桃文化，将焕发出更加亮丽的时代光彩。

1	2	4
	3	

1.核桃工艺品
2.核桃歌舞
3.祭祀核桃神
4.核桃源

中国名城·云南漾濞

中国民间
文化遗产
抢救工程
THE PROJECT TO CHINESE
FOLK CULTURAL HERITAGES
SOS

名吃美食

中国民间
文化遗产
抢救工程
THE PROJECT TO CHINESE
FOLK CULTURAL HERITAGES
SOS

核桃吃法天下绝

1. 核桃酒
2. 核桃乳
3. 核桃油
4. 核桃茶
5. 核桃席

中国名城·云南漾濞

漾濞核桃甲天下，核桃吃法天下绝。

核桃蘸蜂蜜是最直接、最简单的吃法，剥一盘核桃，挑一碟蜂蜜，核桃蘸蜂蜜很是可口。核桃糖是最民间的甜蜜，用麦芽熬制成的糖稀，在其间洒上核桃仁，晾凉后揪一块下来吃，又香又甜。核桃茶要将核桃仁研成末或是切成细薄的片，配一点点红糖放入茶中。核桃酒有其不可言说的传统秘方。核桃糕要靠农家主妇的巧手蒸制。核桃乳是各地市场上永远畅销的绿色营养健康饮品。精制核桃油不用做广告，胜过任何油。

若有尊贵的客人来了，就摆一桌核桃宴：核桃炖羊脑、核桃扣肉、核桃八宝饭、核桃肉圆子、核桃叶炒火腿、核桃仁荷叶饼、核桃糕、香酥核桃、青椒煸炒新鲜核桃仁、核桃仁炖鸡蛋、核桃炖猪脚、核桃馅汤圆、核桃拌生皮、核桃粥，外加一碟核桃"鬼火绿"（火烧小米辣加入葱、蒜、芫荽、花椒、酱油、柠檬酸，将核桃仁拌入其中，酸辣爽口）。上核桃酒，吃核桃宴，吃好喝好，再上一壶热腾腾的核桃茶，好不舒爽。

烤全羊

烤羊之美源于自然。

漾濞烤全羊以自然放养的黑山羊为本，采山野之香料草药置于羊腹之内，于炭火上慢慢烘烤四五个小时方成。烤出来的羊肉皮脆而肉质鲜嫩，草药之香浸透骨肉，不闻羊膻，只闻羊肉之香美。羊的头蹄及内脏则煮成羊汤锅，久炖香浓的羊汤锅，放入碧绿的薄荷，洒入糊辣椒和花椒，麻辣鲜美。烤煮相配，相得益彰。

漾濞境内，石门关外的各家山庄，光明核桃园中的各家农家乐，秀岭梨园的山庄，以及苍山西坡大花园的官房坪农家乐，各处都有烤全羊。秘方不尽相同，滋味各有特色。有游客这样形容：吃着香脆鲜嫩的烤羊肉，喝着麻辣爽口的羊汤锅，再来一瓶漾濞核桃乳，一个字：美！

小城漾濞最负盛名的小吃，首数卷粉。

卷粉可裹成卷吃，也可以切在碗里加热汤吃或凉吃。而小城街上马家卷粉的盛名，更多地来自于它裹成卷的滋味。这卷粉看着其实也没有什么秘密，裹卷粉的整个过程都在你眼前：将一张对折好的圆形卷粉在砧板上摊开，从对折处一划两半，用调羹挑上作料：一匙花生酱，小半匙油辣子，半把酸腌菜，将每样作料均分在两半张卷粉上，再将两半张卷粉各自对折、抹开，将上面的作料抹匀，之后，将两半张卷粉分别卷起来，用刀切成段，装袋。一袋裹卷粉就这样在你面前完成了。热吃和凉吃的作料也就这些，不过是再加一点芫荽，热吃加上老豆米油辣子汤。

就是看上去如此简单的卷粉，滋味却是那样香美，除却漾濞，无觅他处。每一天，在马家卷粉的店里店外，客如流鲫。当地电视台曾推出关于马家卷粉的专题节目，店主人在里面介绍说，这卷粉，一天总要卖出三五百张，许多时候还要更多。每年的清明郊游时节，小城的人们都喜欢裹了卷粉带去，人全都挤着等，得久候方得两张卷粉。许多外地客人来到漾濞时，也一定要裹两张马家卷粉带走。足可见马家卷粉之香名远播。

稀油粉烧饵块

漾濞街上的另一种名吃是稀油粉烧饵块。漾濞人的习惯，把豆粉叫做油粉。

县城农贸市场的入口处就有一摊。真的是摊，也没有店面，两张小方桌拼在一起，旁边放着黑黑的长条凳。摊子主营稀油粉，油粉锅旁的地上一个火炭盆，上面一片烧烤网，一沓装在袋子里的饵块放在锅旁的操作台上，谁要吃饵块的就自己烤。饵块是新鲜的，甚至还带着微微的温，丢到炭火上，三两分钟就烤好了，老板娘递了掺锅巴的稀油粉过来，你把烧好的饵块撕了放到里面，再去桌上挑上油辣子、花椒油、蒜油，那叫一个美味！

那个支在煤炉上装稀油粉的大铝锅，一锅想来足够盛它上百碗，一早上像这样至少也要卖两锅吧。许多人挤不到板凳，端着碗站着吃，大多数时候，这摊子不到十点便卖完收摊了。多年来，这稀油粉摊一直没有开店面，也没有增加桌子，就那两张旧旧的小方桌，想坐个位，你早点来。

　　腌生是将新鲜排骨、三线肉及猪肠用盐、辣椒、花椒、生姜等多种作料进行腌制的一种特色食品。漾濞当地从城市到乡村的普通家庭多有制作，特别是乡村，在每年杀年猪时，人们用新鲜排骨等腌制腌生，在来年春夏农忙时节食用，既方便又美味。

　　腌生的吃法有单炖、豆腐炖腌生、腌生炒蕨菜等。也可作为汤的原料，在里面煮上肉片以及各种素菜，香辣爽口，滋味鲜美。由于保鲜以及入味的需要，腌生中的盐一般比较重，为此，食用中单炖的情况比较少。

　　漾濞民间食坊漾俏园生产的"漾俏"腌生风味独特，食坊将其制作成不同分量的包装，当地人们常将漾俏腌生作为一道礼品，馈赠身旁以及远方的亲朋好友。此外，漾濞城下河西车站饭店的豆腐炖腌生亦是此店的一道招牌，深得食客赞誉。

赶马鸡

赶马鸡是一道马帮菜。

从南方古丝绸之路开始，在两千多年的时光里，漾濞一直是古道上的重要驿站，西出永昌而通缅甸、印度，北上剑川、丽江而通西藏，东出大理昆明而往中原，南出蒙化而往南亚。古道纵横交错，马帮穿梭往来。各种马帮饮食应运而生。赶马鸡即是其中之一。

赶马鸡的制作方法简便：将鸡杀后砍好，切腊三线肉在锅里炒，待腊三线炒出油来，倒入鸡肉，放盐，翻炒，炒十多至二十分钟，至鸡肉炒黄，爆出声响为止，乃加水炖煮。加水的数量需一次计划好，一要能把鸡肉煮烂，二要保证有适量的汤。中间不可再添水，否则汤味变淡，不能保持鸡汤的浓香。鸡汤中可加入洋芋等食材同煮，视火候放入，喜欢酸汤的还可加入适量木瓜。

煮一锅赶马鸡的时间大约在一小时至一小时二十分钟。这个时间长度，恰好够马帮休息调整。一锅赶马鸡煮出来，鸡肉香美而鸡汤浓厚，里面用来煮鸡的腊三线往往也已没有了哈喇味而变得更香。需要强调的是，一锅赶马鸡，若是没有腊三线来炒，便出不来那香浓的滋味。

而今，历史的马帮虽已随着社会的发展离人们远去，但许多马帮饮食却留了下来，成为曾经的古道重镇上的特色美食。一道赶马鸡，在漾濞不仅家家饭店都有，而且成为普通人家待客以及自吃的最经典的选择。

中国名城·云南漾濞

老黄瓜炖羊肉

老黄瓜炖羊肉，这菜讲究时令，别的不说，老黄瓜得秋天才有。据说，羊肉在秋天也是最好的。

漾濞光明核桃林里的农家做的老黄瓜炖羊肉最是好吃。不用说，羊肉是最鲜嫩的羊腿或是羊排，先在炒锅里炒过，将羊肉炒到肉色黄亮，溢出油汁，肉香跑出厨房而溢满庭院，之后，将肉换入炖锅，加水炖煮。火不要太大，慢慢炖着，晚饭要吃的羊肉，午后开始炖上，慢慢炖两三个小时。黄瓜是那种老得变成了褐色、全身布满裂纹的老黄瓜，滚在地边箐头，专等着被人捡回来炖这羊肉。黄瓜抱回来，削皮，去瓤，切坨，放进羊肉锅里，之后重又盖上锅盖。晚饭时上桌，一大盆老黄瓜炖羊肉，汤色淡而浓厚，肉香扑鼻而来，羊肉经了那老黄瓜，膻味儿已去而不闻，唯余清新肉香。而炖粑的黄瓜经了肉香，入口清鲜软糯，甘饴美好。

自然，这老黄瓜炖羊肉，城里的饭店也能做，只是，光明核桃林里的农家炖出来，总要特别一些。若去时，在九月或十月去吃最好。

漾濞老黄瓜

中国名城·云南漾濞

香软米

漾濞软米香。

据说一开始，这软米也是从外地引来的。引到漾濞，种到淮安、密场、马场坝子里，用苍山雪水一浇灌，这米便拥有了一种特有的、只有这方水土才养育得出的品质：香，软，糯，甜。由此，这米被固称为漾濞香软米。

大多数漾濞人是不吃外地米的。出差或旅游去到外面，总说吃不饱饭，不为别的，就为那碗米饭。每年秋天，淮安、密场和马场坝子里的新米收获上市的时节，常有许多工作生活在州府下关的人专门来漾濞买米。也有许多当地人，好中挑好地将软米买了，带给在外面的亲戚和朋友。

香软米在漾濞的任何一个土特产店里都有卖。用洁白的布口袋，包装成20斤或40斤的袋子。米都是上好的，店主们从市场上买来之后，又经过了精挑细选，一颗颗长粒米，饱满晶亮，散发出诱人的米香。这些米，它们被带到外地，被不同的人们煮出来摆到桌上，那一锅米饭的馨香，便让人闻见了漾濞这片土地上丰饶甜美的气息。

漾濞山间出产山珍鸡枞。每年雨季来临，鸡枞便陆续上市，在小城的集上摆满半条街。

鸡枞有白鸡枞和黑鸡枞。新鲜的鸡枞可用青椒煸炒，当中放一点腊火腿片风味更佳。亦可烧汤，汤汁清香鲜美。黑鸡枞尤其鲜香。然新鲜鸡枞不易保存，为此，当地人们在鸡枞大量上市时节，将新鲜鸡枞制成油鸡枞，又成一道易于保存且风味更佳的绝味美食。

制作油鸡枞的主要原料是鲜鸡枞、香油及适量食盐，配料可有干辣椒，草果，蒜果，花椒，依据个人口味而定。炒制好的油鸡枞必须确保新鲜鸡枞中的水分全部炸去，如此方利于保存，但也不宜炸得太干，炸得太干则破坏了鸡枞的鲜味，应以水分已去而入口香软为最佳。油鸡枞炒制好后，晾凉，装瓶，封盖，于阴凉干燥处保存，可保质十二个月。

因漾濞山间土质、气候等特殊自然条件影响，漾濞油鸡枞风味奇绝，为山珍中的上品，是人们馈赠亲友、礼尚往来的上好礼品。

爬沙虫

　　入秋之后，江河之上晨起雾白时，小城漾濞的各家宾馆饭店里便多了一道珍品菜肴：煎爬沙虫。

　　爬沙虫生长于漾濞境内江边河畔的沙土之中，体长约一指，色灰黑，头部长硬甲，硬甲两侧有钳角，脖子以下、身体两侧长满密密的对脚。爬沙虫一旦被触碰时，身体马上蜷曲，且头上钳角显出欲加钳制之势，捕捉当中，若不小心被其钳角钳到手指，立感疼痛，故而也称为夹夹虫。

　　因爬沙虫生长于潮湿的沙土之中，故而新买来的爬沙虫需在清水中养上数日，让其吐尽腹中泥沙，方可去除其体内的泥腥气。食用方法为洗净后干煎，最佳火候为皮脆而肉嫩，食之鲜香适口。

　　爬沙虫在漾濞之外，极为少见，且一年之中，只有秋季到初冬一段时间才有，故而极为难得。其味美，营养价值高，煎食更可治孩子夜尿，实为食药兼备的珍品。

苦荞粑粑蘸蜂蜜

苦荞粑粑蘸蜂蜜，顾名思义。

冷凉山区宜种荞。漾濞的双涧、富恒、苍山西镇以及其他乡镇的部分冷凉山区都有农人种荞。当地人们习惯称为荞麦。荞有甜荞和苦荞，漾濞当地多种苦荞。

荞麦的一种主要食用方式是做成粑粑。粑粑可在锅里炕，在蒸锅里蒸，或是埋在灶火中烧。灶火里烧的荞粑粑最香，但凉后也最硬。人们一般采用的是在锅里文火慢炕。炕熟的苦荞粑粑在合适的温度下可保存十来天。小城漾濞的街上，集日常有农人来卖一沓一沓炕好的苦荞粑粑，许多喜欢吃的人来买，省去自己做粑粑的麻烦。粑粑买回去，放在冰箱里，每顿在米饭上面蒸一块；或是当早餐和夜宵，蘸一碟蜂蜜，苦荞的清凉配着蜂蜜的甘甜。

小城漾濞的几家饭店，平日常备着荞粑粑，一桌饭，在红红绿绿的各色菜肴间，端一盘炕后蒸热的带着淡淡绿色的荞粑粑上来，再搭一小碟乳白的老蜜，最是抢手。

中国名城·云南漾濞

中国民间
文化遗产
抢救工程
THE PROJECT TO CHINESE
FOLK CULTURAL HERITAGES

历史文化名城

保护与开发

中国民间
文化遗产
抢救工程
THE PROJECT TO CHINESE
FOLK CULTURAL HERITAGES

各地历史文化名城形成和发展的主要因素很多，有政治、军事、经济、交通、游乐等等。作为由古西南丝绸之路上的古驿站发展起来的古城漾濞，其形成的影响因素兼有交通、经济、军事、政治等多重因素。历经千年，古城至今仍在使用和发展中。

古城概貌

漾濞古城文物古迹遗存丰富，城内有云龙桥等8项县级以上文物保护单位、17项其他古迹。古城相对完整地保存了博南古道、茶马古道驿站的集市风貌和文化特征。

1912年漾濞设县伊始，县衙设在今下街完小校址。1925年，县衙迁至上街平政巷（原印刷厂址），上街成为县政治中心。据1948年漾濞县国民政府建设科绘制的《漾濞县全图》所附的《漾濞县城市图》，当时的县城面积约0.2平方千米，筑有周长2000米左右的城墙，将县城封闭成苹果形状。城有五座城门，东门在今来龙巷与漾江路交叉口，面向金星；南门在今博南路与苍山中路交叉口，面向下街；西门在云龙桥头，面向飞凤山；北门在今小箐边，面向枳村坝；另有一城门在今漾濞一中初中部、原县委大门位置，通向原国民党县党部和民教馆。

城内有七街、七巷、七个机关及学校、两座庙宇，一处街房。

七街为：小街、平政街、石门街、云集街、凌云街、南门街（上述六街后统称仁民街，今为博南路）、来龙街（今来龙巷），仁民街为主街。

七巷为：墩化巷、象化巷、卖牛巷、升学巷、通易巷、周家巷、龙桥巷。

七个机关、学校为：县政府（原印刷厂）、警察局（现上街清真寺附近）、保卫队（原县检察院附近）、司法处（原县粮食局老院子）、中心小学（原上街完小）、县立中学（现漾濞一中初中部）、教育局（现址）。

两座庙宇教堂为：庙名"川主庙"，位置在原上街敬老院

中
国
名
城
·
云
南
漾
濞

原下街古文物清真寺略图

始建于明洪武五年

附近，四川人所建；教堂为"天主堂"，位置在原县中医院附近，法国传教士所建。

一处街房为：街房在今县林业局办公楼后方，道路横三纵五，互相贯通，自大理国时期以来就形成了集市贸易场所，又名"云集场"，寓万商云集之意。

城外有三座桥梁、四个机构、一座车站。

三座桥为：今云龙桥、雪山河桥、河西桥。

中
国
名
城
·
云
南
漾
濞

四个机构为：分别是位于今飞凤山老君殿右侧的参议会、卫生院，位于原县委大院内的原国民党县党部、民教馆。

一座车站为：位于河西村石窝铺，今当地仍称为河西车站。

另据县志记载，当时城内保存有本地人建的文庙、武庙、城隍庙、娘娘送子殿、祖祠，大理人建的太和宫，江西人建的江西祠等。

2001年4月，云南省人民政府授予漾濞县城为省级历史文化名城。现名城保护范围内的街、巷、桥梁有博南路、北门巷、平政巷、来龙巷、文化巷、周家巷、汪家巷、云龙桥、雪山河桥、漾江大桥。名城保护范围分为一级保护区和二级保护区。博南路、双磨巷片区为一级保护区。博南路片区东起博南路入口，南至飞凤山森林公园，西至云龙桥，北至漾江路以南的来龙巷、平政巷、北门巷；双磨巷片区包括双磨巷南北两侧传统特色民居和建筑群。二级保护区为一级保护区以外需要保护的控制区域。名城保护区域范

围内县级以上文物保护单位、古建筑、特色民居、古树名木等重点保护对象由规划建设、文化行政管理部门划定保护范围，设立标志，建立档案。

1
2
3

1. 老君殿
2. 古道
3. 古树

中国名城·云南漾濞

古城保护措施

正是因为历史文化名城还在使用与发展中，由此，它的经济和社会必然同时也在运动和变化着。社会在前进，经济在发展，居民的生活要改善，这是不能阻止的历史潮流。同时，经济和社会的发展，又是历史文化名城存在和发展的生命线，没有经济和社会的发展，历史文化名城将必定不能继续存在和发展。

在重视和保护历史文化资源方面，西方发达国家有许多好的经验和做法。世界上的许多历史古城通过立法保护历史街区，努力保持城市的历史风貌和特色。在新城区建设中，许多历史文化名城也十分重视历史文化的延续和新旧建筑、新旧街区的呼应和统一。改革开放以来，我们国家对历史文化资源的保护也给予了前所未有的重视。从1982年至今，先后三批、共批准了101个国家级历史文化名城，配套出台了各项保护措施。在这一过程中，许多历史文化名城纷纷出台了自己的历史文化名城保护规划。

漾濞在被授予云南省省级历史文化名城之后，为进一步加强对名城的保护、建设与开发，县建设部门委托省城市规划综合服务部对名城保护建设进行规划。2001年11月，县人民政府召开了名城保护规划方案汇报讨论会，省城市规划综合服务部的规划工作人员汇报了规划方案和编制情况。之后，县人民政府加大了对名城保护工作的投入，不断强化名城保护的软、硬件措施。2003年，漾濞彝族自治县第十三届人大常委会把制定《云南省漾濞彝族自治县历史文化名城保护管理条例》纳入了立法规划。后经县十三届人大五次会议审议通过，形成了《云南省漾濞彝族自治县历史文化名城保护管理条例（草案）》（简称《条例（草案）》）。《条例（草案）》全文25条，对名城保护范围，保护管理的原则措施，保护管理体制、机构和职责，保护管理基金的来源、用途，以及公民的义务作出了规定。

　　文化是永恒的，其魅力和影响足以跨越时空。而文化的载体往往是脆弱的，需要人们在时代进步、社会发展的进程中加以精心呵护。在城市现代化建设进程不断加快的今天，善待历史建筑，保护文化资源，延续城市文脉，应当成为包括开发者在内的社会各界的共同责任。

　　与各级历史文化名城的保护相同，漾濞历史文化名城的保护与开发，应当秉承以下基本原则：

　　坚持贯彻和落实科学发展观的原则，正确处理保护与发展的关系，强化历史文化名城的重要地位。

　　坚持整体保护的原则，完善市域和旧城历史文化资源和自然景观资源的保护体系，重点保护旧城，坚持对旧城的整体保护。

　　坚持以人为本的原则，积极探索小规模渐进式有机更新的方法。在政府主导下，妥善处理居民生活条件改善和古城风貌保护的关系。防止片面性，解决"建设性破坏"所引发的矛盾，疏解居住人口，消除安全隐患。统筹保护历史文化资源，维护旧城原有的空间秩序。

　　坚持积极保护的原则。合理调整旧城功能，强化文化职

云龙桥被命名为云南省级重点文物保护单位

中国名城·云南漾濞

能，积极发展文化事业和文化、旅游产业，增强发展活力，促进文化复兴，推动旧城的可持续发展。

坚持保护工作机制不断完善与创新的原则。在认真贯彻落实《云南省漾濞彝族自治县历史文化名城保护管理条例》的基础上，紧跟全县经济社会发展步伐，不断调整和健全历史文化名城保护管理的机制和体制。

城市要发展，历史文化名城不可能当做博物馆，其间人们的生产和生活也不可能停顿和凝固。加强名城保护，重点在于如何控制和引导，而不是排斥发展。在城市建设上，要合理布局用地发展方向和道路系统，保护古城格局和历史环境，通过道路布局和控制建筑高度展现文物古迹建筑和地段，更好地突出名城的特色。在经济发展上，发展战略要考虑保护古城中大量优秀历史文化遗产的需要，处理好两者的关系。还可以大力发挥名城的历史文化资源优势，发展特色产业，推动经济发展。在各种文物、遗迹的管理上，要把文物古迹、园林名胜、遗迹遗址以及展示名城历史文化的各类标志物在空间上组织起来，形成网络体系，使人们便于感知和理解名城深厚的历史文化渊源。

中
国
名
城
·
云
南
漾
濞

1 | 2
  | 3

1. 古道
2. 山水间的古城
3. 茶马古道驿站遗址

中
国
名
城
·
云
南
漾
濞

参考文献

[1] 廖光荣. 石门关风物散记. 昆明：云南民族出版社，2007.

[2] 李洪文. 中国民间故事全书·云南·漾濞卷. 北京：知识产权出版社，2005.

[3] 云南漾濞彝族自治县概况（修订本）. 北京：民族出版社，2008.

[4] 大理白族自治州交通志. 昆明：云南人民出版社，1991.

[5] 漾濞彝族自治县民族宗教志. 昆明：云南民族出版社，2005.

[6] 漾濞彝族自治县志. 昆明：云南人民出版社，2000.

[7] 漾濞彝族自治县文化馆. 漾濞古代艺文选（内部印刷），1989.

[8] 漾濞彝族自治县政协委员会. 漾濞文史资料：第一辑，第二辑，第九辑.

[9] 漾濞彝族自治县人民政府. 漾濞彝族自治县地名志（内部印刷），1991.

[10] 漾濞彝族自治县教育局. 漾濞彝族自治县教育志.

[11] （明）徐弘祖著，朱惠荣校注. 徐霞客游记（增订本）. 昆明：云南人民出版社，1985.

[12] 茶庆军. 闲谈漾濞苍山古崖画. 廖光荣主编. 石门关风物散记. 昆明：云南民族出版社，2007.

[13] 大理新石器时代文化遗存——漾濞苍山岩画. 大理日报，2006-12-07（A3）.

[14] 马紫钟. 博南古道一条街. 保山日报，2008-02-20.

《中国历史文化名城·名镇·名村全书》系列丛书的编纂推出，为漾濞带来一个良好的机遇。作为省级历史文化名城，漾濞，被《中国历史文化名城·名镇·名村全书》大理白族自治州编委会确定为入编丛书之一。大理白族自治州编委会编委、漾濞县政协委员会主席代罗新主持《中国名城·云南漾濞》的编纂工作。

《中国名城·云南漾濞》的编纂工作于 2012 年 10 月下旬安排商定，由左中美、杨纯柱撰稿，按丛书体例及漾濞实际，共列历史溯源、山川名胜、文物古迹、民俗节庆、历史名人与漾濞、中外游记里的漾濞、文学艺术、文化名人小传、独特的漾濞核桃文化、名吃美食、历史文化名城保护与开发十一个章节。全书撰稿工作从 2012 年 11 月开始，根据丛书编委会要求，于 2012 年 12 月底全部完稿，历时仅两个月。全书图片由熊君供稿。书中部分资料借鉴了《漾濞彝族自治县民族宗教志》《漾濞彝族自治县概况》等书籍。

本书编纂过程中，大理白族自治州白族文化研究所领导亲临漾濞指导，代罗新主席精心组织协调，县委、县政府对本书的编纂关心重视，相关部门配合支持，为全书的完成创造了良好的条件，使本书得以按预定计划交付编审。此外，本书还参考和吸收了蒙正和、阮镇、马紫钟、朱应旭、崔绍全、廖光荣、文朝均、罗廷红等专家学者相关研究成果，并得到县委党史办蒙正和先生的具体指导，在此一并鸣谢。

《中国名城·云南漾濞》的编纂出版，是对省级历史文化名城漾濞，乃至漾濞全面的历史文化首次图文并茂、全方位地讲述与推介。编撰者为此书作了最大的努力，愿把漾濞之悠久历史、多彩民俗、秀美山川、独特文化展现于读者面前。然因时间紧促，以及水平所限，书中错漏及不足在所难免，请有识者正之，是为谢。

编者

2013 年 1 月

责任编辑：孙　昕　　　　　　　　　　　文字编辑：费　青

装帧设计：北京颂雅风文化传媒有限责任公司　　责任出版：刘译文

图书在版编目（CIP）数据

中国名城·云南漾濞／罗杨总主编 . ——北京：知识产权出版社，2013.8

（中国历史文化名城·名镇·名村全书）

中国民间文化遗产抢救工程

ISBN 978-7-5130-2348-1

Ⅰ.①中… Ⅱ.①罗… Ⅲ.①漾濞彝族自治县—概况Ⅳ.① K928.5

中国版本图书馆 CIP 数据核字 (2013) 第 233755 号

中国历史文化名城·名镇·名村全书
中国名城·云南漾濞

ZHONGGUO LISHIWENHUA MINGCHENG MINGZHEN MINGCUN QUANSHU

ZHONGGUO MINGCHENG YUNNAN YANGBI

中国民间文艺家协会　组织编写

总主编　罗　杨

撰稿人　左中美　杨纯柱

出版发行 **知识产权出版社**

社　　址：北京市海淀区马甸南村 1 号	邮　　编：100088
网　　址：http://www.ipph.cn	邮　　箱：bjb@cnipr.com
发行电话：010-82000860 转 8101/8102	传　　真：010-82005070/82000893
责编电话：010-82000889 82000860 转 8111	责编邮箱：sunxinmlxq@126.com
印　　刷：天津市银博印刷技术发展有限公司	经　　销：新华书店及相关销售网点
开　　本：787mm×1092mm　1 / 16	印　　张：14.5
版　　次：2013 年 8 月第 1 版	印　　次：2013 年 8 月第 1 次印刷
字　　数：156 千字	定　　价：80.00 元

ISBN 978-7-5130-2348-1

出版权专有　侵权必究

如有印装质量问题，本社负责调换。